Werkbuch Religion

für die Klassen

9/10

Agnes Wuckelt, Paul Groß, Gudrun Link,
Lucia Nozulak, Wolfgang Ritz

Werkbuch Religion

für die Klassen

9/10

Kösel

Quellenverzeichnis

Bilder/Fotos

17 Aus: rp-modell Nr. 8: Der gesteuerte Mensch. Arbeitsmaterial, Sek. I. Verlag Moritz Diesterweg, Frankfurt/Kösel-Verlag, München 4. Aufl. 1977, B 11. Grafik: Monika Neuser, München – **20** Leonardo da Vinci, Der Mensch, unter Verwendung des Titelmotivs von Publik-Forum-Jugendmagazin PROVO, Oberursel, Ausgabe Nr. 3/95 – **26** Walter Schwab, Schöngeising – **27** Rudolf Dietrich, München – **37** Plakat »Kunst öffnet die Augen« der Staatlichen Museen und Sammlungen in Bayern. Entwurf: Medell & Oberer (Ausschnitt) – **40** Holzschnitt von Julius Schnorr von Carolsfeld, 1860 – **41** Auge Gottes/Thron über den Wolken, aus: Katholischer Katechismus der Bistümer Deutschlands. Kösel-Verlag, München 1966, S. 18, 19 – **42** Fresco aus der Kirche in Urschalling/Chiemsee. Foto: Kösel-Archiv – **46** Quelle unbekannt – **50** epd/Südd. Verlag, Bilderdienst, München; Kösel-Archiv – **57** Zeichnung: Agnes Wuckelt – **59** Collage: Gudrun Link/Agnes Wuckelt – **60** Maria von Magdala, Miniatur, Albani-Psalter (zwischen 1123-1135). Dombibliothek Hildesheim, HS St. God. 1 (Eigentum der Pfarrgemeinde St. Godehard) – **67** Zeichnung: Anke Dominik-Unruh, Göttingen – **70** Zeichnung: Agnes Wuckelt – **77** Hildegard von Bingen; Pauline von Mallinckrodt. Foto: Archiv der Kongregation der Schwestern der christlichen Liebe, Paderborn; Willi Graf. Foto: Südd. Verlag, Bilderdienst, München – **87** Südd. Verlag, Bilderdienst, München – **88** Paul Langrock/Agentur Zenit (Ausschnitt) – **91** Südd. Verlag, Bilderdienst, München

Texte

18 Wäre die Welt, aus: Publik-Forum-Jugendmagazin PROVO, Oberursel, Ausgabe Nr. 3/95, S. 7 (gekürzt) – **22** Quelle unbekannt – **29** Aus: J. Weiss, Das Leben gestalten. Kant. Lehrmittelverlag, St. Gallen 1987 (gekürzt) – **31** Susan, aus: Brigitte Young Miss; Langsam wachsen, aus: Ulrich Schaffer, Ich will zart sein mit dir. © Kreuz Verlag, Stuttgart 1985 – **36** Aus: Ulrich Schaffer, Ich will zart sein mit dir, a.a.O. – **39** Aus: Materialien zum Unterricht, Sek. I, Heft 133, Kath. Religion 5, hg. vom Hessischen Institut für Bildungsplanung und Schulentwicklung, Wiesbaden 1996, S. 77 – **58** Rechte bei Autorin – **78-79** Zitate aus: Käthe Sander-Wietfeld, Pauline von Mallinckrodt. Bonifatius Verlag, Paderborn 1985 – **80** Zitate aus: Willi Graf, Briefe und Aufzeichnungen, hg. von Anneliese Knoop-Graf und Inge Jens. © S. Fischer Verlag GmbH, Frankfurt am Main 1988 – **89** Eva, Auszug aus: Lothar Zepp, Das verspielte Paradies. Eine Aufführung in kurzen Spielszenen mit musikalischer Begleitung (4. Szene: Zweiter Auftritt der Menschen; Auftritt der Schlange) – Lasse uns einen Menschen, Zitat aus: Christian Schütze, Freund Klon klopft leise an. SZ vom 26.2.1997 – **90** Aus: Publik-Forum-Jugendmagazin PROVO, Oberursel, Ausgabe Nr. 2/96 (gekürzt) – **91** Aus: Bibel heute 3/86, S. 157 (gekürzt)

ISBN 3-466-36521-X

Druck und Bindung: Kösel, Kempten
Umschlag: Kaselow-Design, München

1 2 3 4 5 · 03 02 01 00 99

Gedruckt auf umweltfreundlich hergestelltem Werkdruckpapier
(säurefrei und chlorfrei gebleicht)

Inhalt

Einführung 7

Was ist lebenswert? 17
geboren werden – sterben

Liebe ist das Schönste auf der Welt 27
lieben – hassen

Gott? 37
mächtig sein – ohnmächtig sein

Einander achten 47
fremd sein – vertraut werden

Durchkreuzt 57
etwas wagen – sich absichern

Gegenwind 67
selbst bestimmen – fremdbestimmt sein

Ein außergewöhnliches Verhalten 77
wertschätzen – missbrauchen

Solidarität mit der Schöpfung 87
träumen – realistisch sein

Anhang 98

Einführung

1. Zur gegenwärtigen Situation des Religionsunterrichts

Die Gesellschaft der Bundesrepublik Deutschland befindet sich seit Beginn der neunziger Jahre in einem tiefgreifenden Prozess der Veränderung. Zu denken ist hier zunächst an die politischen Verschiebungen und die damit einhergehenden Veränderungen – sowohl im innerdeutschen wie im mitteleuropäischen Kontext.
Überdies ist die Tatsache bedeutsam, dass menschliche Realität heutzutage immer konflikthaltiger wird: Sie ist gekennzeichnet von gesellschaftlicher Interessenkollision und widersprüchlichen Alltagserfahrungen. Zugleich findet sich der Trend zu Individualisierung und Privatisierung; Realitätsbewältigung, Krisenbewältigung und Erwerb einer Alltagsstabilität werden in zunehmendem Maße zur primär (oder alleine) vom Individuum zu leistenden Aufgabe.
Aus religionspädagogischer Perspektive ist des Weiteren zu bedenken, dass unsere Gesellschaft zwar immer noch christlich geprägt ist, aber dennoch christlich(-kirchlich)e Lebensdeutung und -praxis nur noch eine unter zahlreichen möglichen Formen von Lebensorientierung und -gestaltung darstellt.
Religionsunterricht, der sich diesen Veränderungen stellen will, darf den Blick nicht auf das kirchlich institutionalisierte Christentum einengen, sondern muss die gesamte »religiöse Welt« betrachten. Daher sind Deuteschemata, Weltauffassungen und Ideologien, die für die Menschen unserer sich als pluralistisch verstehenden Gesellschaft in konkreten Situationen oder Entscheidungen die Funktion von Religion übernehmen, zunächst ernst zu nehmen und in einem zweiten Schritt kritisch zu bearbeiten. Grundsätzlich ist davon auszugehen, dass selbst in einer gänzlich säkularisierten Welt Gottes Spuren zu entdecken sind – auch da, wo dies explizit keinen Ausdruck findet.

Als Ziele eines so verstandenen Religionsunterrichts können gelten (vgl. auch *Lott 1991*, 16):

- Auseinandersetzung mit der eigenen Lebens- und Glaubensgeschichte (individuell wie kollektiv);
- Austausch und Verständigung über (eigene) Erfahrungen und ihre Verarbeitung in Sinn- und Glaubenssystemen;
- kreativer Gebrauch der Überlieferung religiöser Erfahrungen, Vorstellungen und Lebensorientierungen; im christlichen Kontext speziell der Überlieferung, die die neuen Erfahrungen mit Jesus von Nazareth, dem Christus, zum Gegenstand hat;
- die christliche Religion im Kontext heutiger Welt-, Sinn- und Lebensdeutungen verständlich zu machen.

2. Religionsunterricht muss sich öffnen

In diesem Sinne ist für die Zukunft ein Religionsunterricht einzufordern, der offen ist für

- alle Schülerinnen und Schüler, ihre Lebens- und Glaubensgeschichten und -erfahrungen, also biographisch orientiert ist;
- die konkrete gesellschaftliche Realität – also lebensweltlich verankert ist;
- ökumenische Zusammenarbeit
  - im Sinne gemeinsamer Verantwortung der christlichen Kirchen im Bemühen um elementare Antworten auf die Grundfragen des Lebens;
  - mit anderen Religionen, um mit ihnen gemeinsam an einer Zukunft zu arbeiten, die mehr Gerechtigkeit, Frieden und Menschlichkeit bringt.

Ein in diesem Sinne offener Religionsunterricht will einen Beitrag dazu zu leisten, dass das Leben der Schülerinnen und Schüler gelingen kann.

Dazu
- zeigt er weltanschauliche Unterschiede auf;
- macht er Folgen von Wertentscheidungen bewusst;
- macht er auf Formen von Fremdbestimmung durch Ideologien und sektiererische Lebensformen aufmerksam;
- ermutigt er zu einem eigenverantwortlichen Leben.

Ein so verstandener offener Religionsunterricht ist daher zum einen durch freiheitliche Atmosphäre gekennzeichnet, in der persönliche Aussagen möglich sind, zum anderen findet er seinen Rückhalt im christlichen Glauben – insbesondere dem der Lehrkraft, die ihn verantwortet.
Auf diese Weise wird er einerseits der Tatsache gerecht, dass vermehrt Kinder und Jugendliche am Religionsunterricht teilnehmen, die ohne oder nur mit wenig Beziehung zum christlichen Glauben erzogen werden (vgl. bereits den *Synodenbeschluss »Der Religionsunterricht in der Schule«, Würzburg 1974*): Er kann auf ihre Fragen und Interessen eingehen.
Andererseits wird er diese Fragen mit der jüdisch-christlichen Tradition und den darin enthaltenen Glaubenserfahrungen in Beziehung setzen. »In diesem Sinne versteht sich der Religionsunterricht diakonisch: Unverzichtbare Themen werden nicht ausgelassen, sie werden in kritische Wechselbeziehung zur Schüler[innen]erfahrung gesetzt. [...] Dieser Ansatz ist keine Verkürzung der Theologie, vielmehr ist er dem biblischen Ansatz sehr verwandt. Denn die Bibel vermittelt keinen ›Stoff‹, sondern verkündet, was für den Menschen lebensrelevant, lebensbedeutsam ist. Sie geht auf die Grundfragen des Menschen nach Glück, Schuld und Tod ein.« (*Zentralkomitee der deutschen Katholiken 1989,* 6f.).
Diese Offenheit des Religionsunterrichts schließt jedoch nicht aus, dass sich die ihn verantwortenden Kirchen »darin authentisch zur Sprache bringen [...] durch Menschen, die ihr angehören« und die ihren konfessionellen Standpunkt vertreten. Denn: »Erst in der Begegnung mit einer Person, die sich entschieden und eine Glaubensposition für sich verbindlich gemacht hat, erfährt der Schüler [die Schülerin], dass religiöse Fragen den Menschen vor die Entscheidung stellen.« (*»Der Religionsunterricht in der Schule«,* 2.8.2) Auf diese Weise ermöglicht der Religionsunterricht »identifikatorisches Lernen und verhilft so zur Identitätsbildung [...]. Andererseits fördert die gleichzeitige Öffnung des Religionsunterrichts das Verstehen anderer Auffassungen und die Verständigung mit anderen Menschen.« (*EKD 1994,* 60).

3. Die Frage nach dem Elementaren

Wenn Schülerinnen, Schüler und Lehrkräfte mit ihrer konkreten Lebenserfahrung und -praxis, aber auch mit ihrem Bemühen um lebensbedeutsame Orientierungen wesentliche Faktoren des Religionsunterrichts darstellen, ist die Frage nach den Inhalten zugleich eine Frage nach dem Elementaren. Denn: »Wer nach dem Elementaren fragt, erwartet eine Erfahrung von Lebensnotwendigem, zugleich Einfachem und Sinnstiftendem. [...] Die Neuorientierung im Zeichen des Elementaren ist mehr als Information und Belehrung. Sie bewirkt Veränderungen wie ein Ratschlag, eine Weisung, eine Tröstung, eine Begegnung, eine Umarmung.« (*Stock 1987,* 453). Religionspädagogischem Handeln geht es um die Vermittlung eines Mehr an Selbst- und Welterfahrung im Spiegel des entscheidend und unterscheidend Christlichen (*vgl. Werbick 1992*). Die Besinnung auf das theologisch Elementare impliziert anthropologische wie entwicklungspsychologische Einsichten: über theologisch-fachwissenschaftliche Orientierungen hinaus muss sie sich der Bewährung im Fragehorizont der Kinder und Jugendlichen stellen. Nur so eröffnet sich für sie die Möglichkeit, sich mit dem Angebot des christlichen Glaubens zu identifizieren und selbst zu entdecken, ob darin Antwort auf ihre Fragen nach Identität und Engagement liegen.

4. Anliegen des Werkbuchs

Das vorliegende Werkbuch zielt auf einen Religionsunterricht, der sich bewusst der Tatsache stellt, dass heutige Schülerinnen und Schüler außerhalb des Religionsunterrichts nur noch bedingt christlich-religiöse Sozialisation erfahren. Es wird jedoch davon ausgegangen, dass Kinder und Heranwachsende dennoch nach Gott und der Welt fragen, dass sie angesichts von Krankheit, Katastrophen, Leid und Tod wissen möchten, in welcher Weise Gott da ist und vor allem für sie da ist.

Da sich dementsprechend das Interesse an Religiösem auf Fragen von elementarer existenzieller Bedeutung konzentriert, folgt das Werkbuch konsequent einem anthropologischen Ansatz: Es soll darum gehen, Erfahrungen des Alltags im Hier und Heute in ihrer Tiefendimension zu erschließen – im Vertrauen darauf, dass Gott in ihnen zu entdecken ist.

Alltagserfahrungen können als religiöse Erfahrungen bezeichnet werden, wenn sie den Menschen un-bedingt angehen und ihn in eine Dimension verweisen, die zum einen außerhalb von Mensch und Wirklichkeit liegt (Transzendenz), zum andern als diesen zutiefst eigen erkannt wird (Immanenz). Religiöse Erfahrungen sind demnach religiös gedeutete Alltagserfahrungen. Für den Religionsunterricht bedeutet dies, dass hier der Versuch unternommen werden muss, die Grundworte des Glaubens jenseits aller Verkrustungen und Klischees durch ihre Verknüpfung mit lebensgeschichtlichen Erfahrungen neu zu buchstabieren.

Das Werkbuch möchte daher für Schülerinnen, Schüler und Lehrkräfte ein Angebot sein, das

- Anregungen gibt zur Thematisierung und Bearbeitung von persönlichen Lebenserfahrungen und -geschichten sowie Möglichkeiten zur Bewältigung künftiger Lebenssituationen vorstellt;
- Anregungen gibt, lebensweltliche Erfahrungen zu befragen und zur Auseinandersetzung mit gesellschaftlichen Wertvorstellungen herausfordert;
- Anregungen gibt, sich mit der Welt des Glaubens zu beschäftigen, Vorstellungen des christlichen Glaubens zu verstehen und zur Stellungnahme einlädt;
- Anregungen gibt, persönliche Erfahrungen in unterschiedlichen Lebenswelten mit Erfahrungen des Glaubens in Beziehung zu setzen und miteinander zu verknüpfen (Prinzip der Korrelation).

Um diese Verknüpfung leisten zu können, basiert die Gliederung der einzelnen Bände von »Werkbuch Religion« auf zentralen menschlichen Grunderfahrungen in ihrem jeweiligen Spannungsfeld und ihrer möglichen Widersprüchlichkeit:

angenommen sein ↔ abgelehnt werden
selbst bestimmen ↔ fremdbestimmt werden
fremd sein ↔ vertraut werden
einsam sein ↔ miteinander leben
etwas wagen ↔ sich absichern
lieben ↔ hassen
wertschätzen ↔ missbrauchen
mächtig sein ↔ ohnmächtig sein
schuldig sein ↔ unschuldig sein
geboren werden ↔ sterben
frei sei ↔ sich binden
träumen ↔ realistisch sein

Diese Grunderfahrungen werden allerdings nicht an sich thematisiert, sondern im Kontext konkreter Erfahrungsbereiche. Auf diese Weise kann der Tatsache Rechnung getragen werden, dass sich das individuelle Bewusstsein einer Erfahrung stets innerhalb einer bestimmten lebensweltlichen Situation sowie auf dem Hintergrund der jeweiligen Biographie entwickelt und aufgrund des individuellen Standortes eine religiöse Deutung erfährt.

5. Die Themen des Werkbuchs

Die Themenfindung für dieses Werkbuchs ergab sich demnach auf folgende Weise: Basierend auf aktuellen soziologischen, sozialisationstheoretischen und entwicklungspsychologischen Erkenntnissen wurden die oben genannten Grunderfahrungen reflektiert und auf mögliche religiöse Deutungen hin durchbuchstabiert. Unter Berücksichtigung des Prinzips des aufbauenden Lernens ergaben sich die folgenden Themen:

Grunderfahrungen	**Themen 5/6**	**Themen 7/8**	**Themen 9/10**
angenommen werden – abgelehnt werden		ICH VERSTEH MICH SELBST NICHT MEHR	
selbst bestimmen – fremdbestimmt werden	WARUM SO – UND NICHT ANDERS		GEGENWIND
fremd sein – vertraut werden	WAS SIND DAS BLOSS FÜR MENSCHEN?	SPUREN SUCHEN – JUDENTUM	EINANDER ACHTEN
einsam sein – miteinander leben	(GEM)EINSAM		
etwas wagen – sich absichern		NEUE WEGE GEHEN	DURCHKREUZT
lieben – hassen	DU – ICH HAB DICH LIEB		LIEBE IST DAS SCHÖNSTE AUF DER WELT
wertschätzen – missbrauchen		DAS UNSAGBARE SAGEN	EIN AUSSER-GEWÖHNLICHES VERHALTEN
mächtig sein – ohnmächtig sein	IN DEN STAUB GETRETEN		GOTT?
schuldig sein – unschuldig sein		WENN ICH MIST BAUE	
geboren werden – sterben	WARUM MÜSSEN MENSCHEN STERBEN?	WAS SOLL ICH HIER?	WAS IST LEBENSWERT?
frei sein – sich binden	WER SOLL ÜBER UNS HERRSCHEN?	DU SOLLST FREI SEIN	
träumen – realistisch sein	FRAGEN UND TRÄUMEN	TIEFER SEHEN	SOLIDARITÄT MIT DER SCHÖPFUNG

Zur Konkretisierung dieser Themen wurden die jeweiligen Grunderfahrungen unter Berücksichtigung der unterschiedlichen Altersstufen der Heranwachsenden mit den Erfahrungsbereichen »Lebenswelt«, »Biographie« sowie »Religion/Glaube« verknüpft. Für die Jahrgangsstufe 9/10 stellt sich dies wie folgt dar:

Grund-erfahrungen	**Erfahrungsbereiche**			**Themen**
	Lebenswelt	**Biographie**	**Religion/Glaube**	
geboren werden – sterben	behinderte Mitmenschen; gentechnische Möglichkeiten; Definition »Würde des Menschen« und »wertvolles Leben«	Frage nach dem eigenen Wert und »Nutzen«; Suche nach der eigenen Lebensquelle; Fähigkeit, sich mit körperlichen oder geistigen Schwächen anzunehmen	Aussagen der Bibel und der Kirche zum Wert menschlichen Lebens; Symbol des Brunnens	WAS IST LEBENS-WERT?
lieben – hassen	Bedeutung von/ Umgang mit Liebe und Sexualität; Stellenwert von Hetero- und Homosexualität	Suche nach Liebe und Geborgenheit; erste sexuelle Erfahrung; Erfahrung des Scheiterns von Liebesbeziehungen	Liebe zwischen Michal und David (1 Sam 18 und 19)	LIEBE IST DAS SCHÖNSTE AUF DER WELT
mächtig sein – ohnmächtig sein	Stellenwert des Gottesglaubens in unserer Gesellschaft	Auseinandersetzung mit Gottesvorstellungen und -bildern; Abgrenzung von Vorstellungen und Angeboten des Elternhauses oder des RU	Gottesfrage; Gebet; unterschiedliche Gottesbilder in der Bibel und der christlichen Tradition; Theodizeefrage; feministische Theologie	GOTT?
fremd sein – vertraut werden	multireligiöse und multikulturelle Gesellschaft; Religion als Teil der Kultur; Frage nach Toleranz	Verunsicherung und /oder Gleichgültigkeit gegenüber religiösen Überzeugungen; Suche nach dem eigenen Standort	Glaubensüberzeugungen der drei großen monotheistischen Religionen, deren heilige Zeiten, heilige Orte und heilige Gegenstände; Gespräch der Religionen	EINANDER ACHTEN
etwas wagen – sich absichern	Erfahrungen von Leid; Scheitern von Existenzen; Möglichkeiten der Bewältigung	Erfahrung von Leid, Begrenztheit und Scheitern im eigenen Leben	Leiden, Tod und Auferstehung Jesu von Nazareth; Ostern als Fest der Auferstehung; Kreuz als Lebensbaum	DURCH-KREUZT

selbst bestimmen – fremd bestimmt werden	fragwürdige soziale und politische Verhältnisse und mögliche Reaktionen	kritischer Blick für Entwicklungen in Gesellschaft, Politik und Kirche; Erfahrung von Hilflosigkeit und Suche nach Lösungen – zumindest für die Gestaltung des eigenen Lebens	Prophetinnen und Propheten in Israel (Hulda, Jesaja, Amos) und heute	GEGENWIND
wertschätzen – missbrauchen	herausragende Persönlichkeiten aus Politik und Religion	Suche nach Identifikationsfiguren und Vorbildern; Begeisterung für Menschen, die aus der Masse herausragen; Suche nach dem eigenen Profil und dem eigenen Lebenssinn	große Gestalten des Christentums: Hildegard von Bingen, Pauline von Mallinckrodt; Willi Graf	EIN AUSSERGEWÖHNLICHES VERHALTEN
träumen – realistisch sein	ökologische Probleme und Lösungsstrategien; Umweltbewusstsein und Umweltzerstörung; Initiativen zur Bewahrung und zum Schutz der Umwelt; Freiwilliges Ökologisches Jahr	Sehnsucht nach einer »heilen« Welt; zunehmende Zukunftsangst; Suche nach Möglichkeiten, sich für die Umwelt zu engagieren; Erfahrung von Hilflosigkeit angesichts der weltweiten Problematik	Schöpfungstheologie der Bibel; franziskanische Spiritualität	SOLIDARITÄT MIT DER SCHÖPFUNG

Zur didaktischen Erschließung der einzelnen Themen wurden Leitmotive formuliert, die wiederum – den o.g. Erfahrungsbereichen entsprechend – ausdifferenziert wurden. Mit diesen Leitmotiven sind Grund- und Werthaltungen formuliert, die als übergeordnetes religiöses Erziehungsziel zu verstehen sind. Diesem Erziehungsziel wurden die Intentionen der zum Thema entwickelten Bausteine für eine Unterrichtsreihe zugeordnet. Im Überblick stellt sich dies für die Jahrgangsstufe 9/10 wie folgt dar:

Thema	Leitmotiv			Intentionen
WAS IST LEBENSWERT?	BEJAHEN			- sich bewusst sein, dass zum menschlichen Leben Geburt und Tod, Jugend und Alter, Gesundheit und Krankheit, Freude und Leid gehören - aufmerksam werden auf die unterschiedlichen Weisen des Umgangs mit menschlichem Leben - nach Kriterien fragen, die menschliches Leben als lebenswert und nicht lebenswert definieren - das christliche Gottes- und Menschenbild als Maßstab für die Würdigung und Gestaltung menschlichen Lebens akzeptieren
	Existenzrecht	Würde	Ebenbild Gottes	
LIEBE IST DAS SCHÖNSTE AUF DER WELT	SUCHEN UND FINDEN			- sensibel dafür werden, dass Liebe den ganzen Menschen umfasst - über Erfahrungen der Liebe, die von Erfüllung und Schmerz geprägt sein können, taktvoll reden können - sich mit möglichen Wegen auseinandersetzen, auf denen Liebe gelingen kann - erkennen, dass partnerschaftliche Liebe von der Spannung zwischen Bindung und Freiheit lebt
	Beziehung	Bindung	Liebe	
GOTT?	SICH VERGEWISSERN			- sich darüber bewusst werden, dass Gottesbilder stets im Wandel begriffen sind - spüren, dass Glaube immer auch ein Wagnis ist - erkennen, dass Gott immer der Andere ist
	Anfrage	Suche	Glaube	
EINANDER ACHTEN	AUFEINANDER ZUGEHEN			- aufgrund der Tatsache, dass Menschen ihr Leben unterschiedlich deuten, auf die eigene religiöse Identität aufmerksam werden - wissen, dass der Glaube an den einen Gott das verbindende Element der monotheistischen Religionen ist und verstehen, dass darin ein Grund für die gegenseitige Achtung liegt - die Notwendigkeit des interreligiösen Dialogs einsehen und erste Schritte zu einem Miteinander entwickeln
	Dialog	Achtung	Ökumene	

DURCHKREUZT	SICH AUFRICHTEN			- sich »Kreuzsituationen« bewusst machen und erkennen, dass in ihnen eine existenzielle Bedrohung für das eigene Leben liegt - fähig werden, sich der belastenden Situation zu stellen, sie anzunehmen und mit anderen Wege zu entdecken, mit ihr umzugehen - verstehen, dass Annahme und Orientierung am Auferstehungsglauben eine neue Sehweise und Deutung von Kreuzsituationen ermöglichen - erkennen, dass im Vertrauen darauf ein Neuanfang gewagt werden kann
	Durchhaltevermögen	Sehnsucht	Auferstehung	
GEGENWIND	KRITIKFÄHIG WERDEN			- eigene und fremde Lebensweise kritisch wahrnehmen und ggf. Bereitschaft zur Umkehr entwickeln - an der Stärkung des eigenen Selbstbewusstseins arbeiten, um zu Eigeninitiative zu gelangen - bereit sein, gewonnene Einsichten überzeugend zu bekennen
	Wachsamkeit	Zivilcourage	Bekenntnis	
EIN AUSSERGEWÖHNLICHES VERHALTEN	SICH TREU BLEIBEN			- sich angesichts des konkreten gesellschaftlichen Umfeldes der persönlichen Situation bewusst werden und den daraus entstehenden Anspruch an die eigene Person wahrnehmen - sich der Möglichkeiten bewusst werden, eigene Überzeugungen in die Tat umzusetzen - sich glaubend darauf einlassen, dass ein überzeugend verantwortetes Leben nur in der Rückbindung an ein tragfähiges Fundament geführt werden kann
	Verantwortung	Überzeugung	Gottvertrauen	
SOLIDARITÄT MIT DER SCHÖPFUNG	SICH SEHNEN			- den Zustand der Erde als bedroht und unzulänglich erkennen - Möglichkeiten des Mitwirkens an der Gestaltung der Erde erkennen und bewerten - sich bewusst werden, dass sich die Ehrfurcht vor der Mitgeschöpflichkeit in einem besonderen Engagement für die Erhaltung der Schöpfung ausdrücken kann
	Sorge	Gestaltungsfähigkeit	Ehrfurcht	

6. Der erfahrungsorientierte didaktische Ansatz religiösen Lernens

Auch im Blick auf die mögliche Gestaltung des Unterrichts wird im vorliegenden Werkbuch der erfahrungsorientierte didaktische Ansatz favorisiert. Dieser folgt dem Prinzip der Ganzheitlichkeit: Es müssen Situationen geschaffen werden, in denen die Lernenden ihre Erlebnisse, Wahrnehmungen, Vorstellungen, Einstellungen, Phantasien und Haltungen erinnern, darstellen und in ihrer Widersprüchlichkeit thematisieren können. Subjektive Erfahrungen müssen bearbeitet, reflektiert und weiterentwickelt werden, um daraus Lernprozesse entfalten zu können, die zur Handlungskompetenz führen. Dies bedeutet:

- **Gegenstand von Lernprozessen** sind die Alltags- und religiösen Erfahrungen von Lernenden und Lehrenden, ihre Konflikte, Wünsche, Ängste und Träume. Diese werden im Werkbuch zwar angesprochen, müssen jedoch im unterrichtlichen Geschehen im Blick auf die je konkrete Lerngruppe entsprechenden Raum erhalten.
- **Arbeitsformen** eines solchen Lernprozesses sind vorrangig Symbolisierungshandlungen: Die Lernenden sollen aktiv, nach eigenen Fähigkeiten verbal oder nonverbal, mit allen Sinnen und praktisch handeln. Sie sollen lernen, sich auch auf andere, z.B. bildliche, musikalische und körperliche Darstellungs- und Kommunikationsweisen einzulassen. Zudem sollen Raum- und Zeiterfahrungen möglich sein, die den Bedürfnissen der Lernenden entgegenkommen. Im Sinne einer »Verlangsamung« und damit einer Intensivierung des Lernens sollen den Schülerinnen und Schülern ausreichende Möglichkeiten und Wege eröffnet werden, neue Eindrücke zu sammeln und dem Gelernten ganzheitlichen Ausdruck verleihen zu können.
- **Sozialformen** erfahrungsorientierten Lernens sollen schließlich sowohl Selbsterfahrung als auch soziale Erfahrungen ermöglichen und solidarische Beziehungen aufbauen helfen.

Diese Anforderungen gelten selbstverständlich auch für den Umgang mit der Bibel.
Erfahrungsorientierte **Bibelarbeit** stellt den Versuch dar, eine Begegnung von Menschen aus verschiedenen Lebens- und Erfahrungswelten zu ermöglichen. Ziel dieser Begegnung ist es, neue Lernerfahrungen zu machen, aufgrund derer es möglich wird, die eigene Lebenswelt besser zu verstehen und neue Handlungsmöglichkeiten kennen zu lernen. Erfahrungsorientierte Bibelarbeit basiert auf einer integrativen Bibelauslegung, die
- die Gegebenheiten und Ansprüche des biblischen Textes beachtet;
- auf die Menschen hört, die in diesen Texten zu Wort kommen und ihre Erfahrungen mitteilen;
- die Menschen ernst nimmt, die heute diesen Texten begegnen.

Für die unterrichtliche Praxis bietet sich dazu insbesondere die Neuformulierung biblischer Texte an, wie beispielsweise
- die Umwelterzählung, die als Rekonstruktion der gegenständlichen Welt und/oder der Lebensgeschichte historischer oder fiktiver Personen den zeitgeschichtlichen Hintergrund des Bibeltextes erhellt;
- die perspektivische Erzählung aus der Sicht einer handelnden Personen oder einer fiktiven Figur, die als Rekonstruktion von Gefühlen, Gedanken und Haltungen deren Handlungsweisen erläutert;
- die Verfremdung, die (scheinbar) bekannte oder vertraute Situationen, Denk- und Verhaltensweisen auf neue Weise zum Sprechen bringt.

(Vgl. dazu das Kapitel »GEGENWIND«)

Aber auch der **meditativ-symbolische Zugang** zu existentiell tief greifenden Erfahrungen ist geeignet, Begegnung zwischen den Menschen der Bibel und heutigen Menschen zu ermöglichen. (Vgl. dazu das Kapitel »DURCHKREUZT«)

Das vorliegende Werkbuch möchte Anregung sein für einen erfahrungs- und daher ganzheitlich orientierten Unterricht. In diesem Sinne stellt es Texte und Materialien bereit, die den Anstoß zur Thematisierung eigener Erfahrungen der jeweils konkreten Schülerinnen und Schüler geben können. Es versucht den Brückenschlag zwischen heutigen Jugendlichen und ihnen unbekannten oder fremden Sachverhalten (wie etwa biblischer Botschaft oder christlichem Brauchtum). Überdies stellt es eine Palette ganzheitlicher Arbeitsformen vor, die den erfahrungsorientierten Ansatz in der Praxis des Religionsunterrichts realisieren helfen. Konkrete Anregungen finden sich in jedem Kapitel unter der Überschrift »Erläuterungen und methodische Anregungen«.

Der Realisierung des erfahrungsbezogenen didaktischen Ansatzes dient ebenfalls **projektorientiertes Arbeiten**. Diese Form des Unterrichts ist auf ein aktives Lernen ausgerichtet, das die Selbsttätigkeit und Eigenverantwortung der Schülerinnen und Schüler fördert. Im günstigsten Falle sollte die Projektorientierung im fächerübergreifenden Unterricht erfolgen (etwa in Zusammenarbeit mit Deutsch-, Geschichts- oder Kunstunterricht). Wenn sich dazu keine Möglichkeit findet, lassen sich die durch das Werkbuch angeregten projektorientierten Phasen jedoch auch im Rahmen des Religionsunterrichts durchführen.

Diese Projektphasen können – ggf. unter Zuhilfenahme von zusätzlichem Material – sowohl in ihrer Gesamtheit, als auch – wo Schülerinnen und Schüler diese Art des Arbeitens nicht gewohnt sind – unter der Perspektive des schrittweisen Einübens durchgeführt werden.
Projektorientiertes Arbeiten verlangt von Schülerinnen und Schülern, aber auch von Lehrkräften großes Engagement und beinhaltet hinsichtlich der Vorbereitung und Organisation Mehrarbeit. Dies ist realistischerweise zu bedenken, da es sonst vielleicht auf beiden Seiten zu Problemen und letztlich gar zur Resignation führen kann. Dennoch soll hier dazu ermuntert werden, eine u.U. neue Unterrichtssituation in kleinen Schritten zu erproben. Denn hierin liegt die Chance,

- Fragen, Probleme und Phänomene zu bearbeiten, die den Schülerinnen und Schülern wirklich wichtig sind;
- nicht nur kognitiv, sondern auch sinnenhaft-körperlich zu lernen;
- sich außer über das gesprochene Wort auch über Bilder, Spiele, Gegenstände und Aktionen zu verständigen;
- voneinander und miteinander zu lernen, d.h. soziale Erfahrungen zu machen;
- Produkte herzustellen, in denen die Schülerinnen und Schüler ihre Erfahrungen, Vorstellungen und Bedürfnisse veranschaulichen können;
- ggf. nicht nur auf den Klassenraum beschränkt zu sein, sondern auch außerhalb der Schule zu lernen;
- sich ggf. unabhängig von Schulzeit und Stundenplan, dem eigenen Arbeitstempo und Lernrhythmus entsprechend, mit Fragen und Problemen auseinander zu setzen.

(Vgl. auch den »Vorschlag für projektorientierten Unterricht zum Thema »Die Entstehung der Bibel« im Band 5/6 sowie die Anregungen im Kapitel »EIN AUSSERGEWÖHNLICHES VERHALTEN« in diesem Band.)

Gerade im Blick auf das Lernen im Religionsunterricht sind die genannten Aspekte von Bedeutung. Sie sind geeignet, den Schülerinnen und Schülern nicht nur argumentativ zu vermitteln, dass sie in ihrem So-Sein unbedingt bejaht sind und wirkliches Interesse an ihnen als ganzer Person besteht. Überdies kann auf diese Weise die christliche Botschaft in ihrer Bedeutung für die Lebensgestaltung leichter plausibel gemacht werden als in einem primär kognitiv angelegten Unterricht.

7. Literaturhinweise

Deutscher Katecheten-Verein e.V.: Religionsunterricht in der Schule. Ein Plädoyer des Deutschen Katecheten-Vereins, München 1992
Die deutschen Bischöfe: Die bildende Kraft des Religionsunterrichts, Bonn 1996
Evangelische Kirche Deutschlands (EKD): Identität und Verständigung. Standort und Perspektiven des Religionsunterrichts in der Pluralität. Eine Denkschrift, Gütersloh 1994
Hilger, Georg / Reilly, George (Hg.): Religionsunterricht im Abseits? Das Spannungsfeld Jugend – Schule – Religion, München 1993
Linke, Michael: Religionsunterricht und Exploration von Alltagserfahrung. Die Bedeutung der Rekonstruktion von Alltagserfahrungen für Theorie und Praxis eines erfahrungsorientierten Unterrichts, Frankfurt/Main 1987
Lott, Jürgen: Erfahrung, Religion, Glaube. Probleme, Konzepte und Perspektiven religionspädagogischen Handelns in Schule und Gemeinde, Weinheim 1991
Ritter, Werner-H.: Glaube und Erfahrung im religionspädagogischen Kontext, Göttingen 1989
Scheller, Ingo: Erfahrungsbezogener Unterricht. Praxis, Planung, Theorie, Königstein/Ts. 1987
Stock, Hans: Elementartheologie, in: Böcker, Werner u.a. (Hg.): Handbuch religiöser Erziehung, Band 2, Bielefeld-Düsseldorf 1987, 452-466
Werbick, Jürgen: Glaubenlernen aus Erfahrung. Grundbegriffe einer Didaktik des Glaubens, München 1989
Werbick, Jürgen: Vom entscheidend und unterscheidend Christlichen, Düsseldorf 1992
Zentralkomitee der deutschen Katholiken ZdK: Schulischer Religionsunterricht in einer säkularen Gesellschaft, Bonn 1989

Was ist lebenswert?

geboren werden – sterben

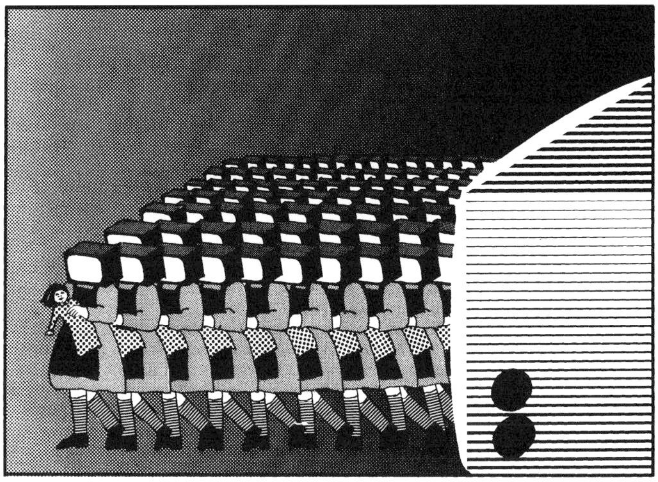

Leitmotiv

BEJAHEN		
Existenzrecht	Würde	Ebenbild Gottes

Intentionen

- sich bewusst sein, dass zum menschlichen Leben Geburt und Tod, Jugend und Alter, Gesundheit und Krankheit, Freude und Leid gehören
- aufmerksam werden auf die unterschiedlichen Weisen des Umgangs mit menschlichem Leben
- nach Kriterien fragen, die menschliches Leben als lebenswert und nicht lebenswert definieren
- das christliche Gottes- und Menschenbild als Maßstab für die Würdigung und Gestaltung menschlichen Lebens akzeptieren

Worum es geht

Dic Frage nach der Humanisierung unserer Lebenswelt stellt sich heute weltweit. Mit ihr kommt zum Ausdruck, dass die elementarsten Verhältnisse von Lebenserhaltung und Lebensentfaltung vielfach bedroht sind. Die Aufgabe des Schutzes menschenwürdiger Existenz stellt sich umso dringlicher, als der neuzeitliche Fortschritt in einer bisher ungeahnten Weise die Verantwortlichkeit des Menschen herausfordert. So ergibt sich stets von Neuem die Notwendigkeit, nach den Kriterien für die Definition lebenswerten menschlichen Lebens zu fragen.
Unsere vornehmlich nach ökonomischen Gesichtspunkten ausgerichtete Gesellschaft neigt dazu, als Norm für den »idealen« Menschen das Freisein von Störungen und Behinderungen zu setzen. Mehr und mehr rückt daher die Möglichkeit der Machbarkeit und Manipulierbarkeit menschlichen Lebens mit dem Ziel des »idealen« Menschen in den Vordergrund. Wird der hohe technische und medizinische Wissensstand unter die Norm ökonomischen Nutzens gestellt, erscheint konsequenterweise manches Menschenleben fraglich und in seiner Existenz bedroht. Das grundlegende Recht eines jeden Menschen auf Leben wird vermehrt in Frage gestellt, wenn – sei es in körperlicher, geistiger oder seelischer Hinsicht – behindertes Leben als weniger wertvoll erachtet wird als nicht behindertes.
Darüber hinaus führen Entsolidarisierungs- und Pluralisierungstendenzen unserer Gesellschaft dazu, dass Menschen, die sich dem Leistungszwang nicht beugen oder dem Perfektionsideal nicht genügen, zu Randexistenzen werden. Auch Heranwachsende sind hier vielfach Opfer. So ist es einerseits erforderlich, den Schülerinnen und Schülern dem christlichen Gottes- und Menschenbild entsprechende Kriterien für die Bestimmung der Menschenwürde an die Hand zu geben. Zum anderen sollen die Heranwachsenden Hilfestellung erhalten, um den Wert ihres eigenen Lebens für sich selbst entdecken und sich darin bestärken zu können.

Wäre die Welt besser dran ohne mich?

So habe ich Blaine Deatherage-Newsom aus Portland im amerikanischen Bundesstaat Oregon kennen gelernt:
An einem der »Anschlagbretter« im Internet, die ich regelmäßig aufsuche, hing im Mai eine Mitteilung von ihm. Sie war an alle adressiert und lautete:

»Hallo, ich hoffe, Sie können mir helfen.
Ich heiße Blaine und bin 15 Jahre alt, und ich mache ein Projekt für meinen Biologiekurs in der Schule.
Ich habe mir ein Thema ausgesucht, das Biologie mit einem anderen Fach verbindet.
Meine Frage ist: Wenn wir eine Technik hätten, Behinderungen aus der Bevölkerung zu entfernen, wäre es eine gute Sache, das zu tun?
Was spricht dafür?
Was spricht dagegen?
Wie lautet ihre Antwort?
Warum sind Sie zu dieser Einstellung gekommen?
Ich sollte Ihnen noch mitteilen, dass ich einen offenen Rücken habe und mit einem Wasserkopf geboren wurde. Ich habe also meine eigenen Gefühle und Antworten hinsichtlich dieser Fragen, aber ich möchte Ihre wissen.
Vielen Dank für Ihre Hilfe!«

Seine Umfrage interessierte mich, denn mit dieser Frage beschäftige ich mich auch schon lange. Ich fragte also nach, um Genaueres zu erfahren und Blaine schrieb mir.

»Es interessiert mich, wie die Leute über Behinderungen denken; vor allem deswegen, weil ich selbst eine habe. Neulich habe ich gehört, dass Eltern jetzt häufig einen Test machen, und wenn sie hören, dass ihr Kind so einen offenen Rücken hat, entscheiden sich die meisten (95%) für eine Abtreibung.
Dann bin ich auch mal im Oregon Museum für Wissenschaft und Industrie gewesen. Dort hatten sie ein Kind wie mich, also mit offenem Rücken und Wasserkopf, beschrieben, und man konnte abstimmen, ob das Kind leben oder sterben sollte! Ich habe dafür gestimmt, dass das Kind leben sollte, aber an dem Tag, als ich da war, hat das Kind die Abstimmung verloren.«

Blaine Deatherage-Newsom ist 15 Jahre alt und besucht die Wilson High-School in Portland / Oregon. Er wurde mit offenem Rücken geboren und ist vom 4. Brustwirbel abwärts gelähmt. Blaine spielt gern Schach und war Schulmeister der Junioren in Oregon. Seine Hobbys sind Tiere und Sport. Außerdem reist er gern und freut sich, mit anderen Menschen in Kontakt zu kommen.

Wertvolles Leben?

»Schon vor unserer Heirat hat mein Mann darauf bestanden, unser erstes Kind bereits während der Schwangerschaft auf mögliche Schäden hin untersuchen zu lassen. Als es so weit war, machte sich in mir große Angst breit. Immer wieder habe ich mich gefragt, wie es weitergehen soll, wenn das Kind behindert ist.«

Jens war ein 18-jähriger, lebenslustiger Mensch. Ein Unfall mit seinem Kleinkraftrad hat ihn zum Schwerstbehinderten gemacht. Zu keiner Bewegung mehr fähig und sprachlos lebt er in einem Behindertenheim.

Corinna ist Schülerin der Klasse 10. Alle in ihrer Klasse wissen bereits vor den Osterferien, dass sie schwanger ist. Als Corinna nach den Ferien in die Schule kommt, ist ihre Schwangerschaft »erledigt«.

Peter hat die Sonderschule beendet. Nun findet er keine Ausbildungsstelle. Er meint: »Ich war noch nie jemand, bin auch jetzt nichts und werde nie wer sein.«

Gesucht: Junge, dynamische und leistungsfähige Arbeitskraft für unser aufgeschlossenes, modernes Team. Wenn Sie nicht älter als 28 Jahre sind, melden Sie sich bei ...

»Sind Sie bankrott? Dann spenden Sie – gegen gute Bezahlung, versteht sich – eines Ihrer Organe. Für eine Niere beispielsweise biete ich Ihnen DM 80.000.-. Wenn das kein gutes Geschäft ist!«

Herr Bronzel ist 54 Jahre alt, verheiratet und hat drei Kinder. Herr Bronzel ist seit 3 Monaten arbeitslos; die Firma, für die er tätig war, ist in Konkurs gegangen. Herr Bronzel verlässt immer noch – wie vor seiner Arbeitslosigkeit – pünktlich jeden Morgen das Haus und kommt erst abends wieder nach Hause.

Michaels Mutter liegt im Koma. Die behandelnden Ärzte haben die Familie über den Zustand der Mutter nicht in Unkenntnis gelassen: keine Hoffnung. Dennoch werden lebensverlängernde Maßnahmen vorgenommen; die medizinischen Geräte bleiben eingeschaltet.

»Schwangeren Frauen, die älter als 35 Jahre sind, rate ich dringend zu einer Fruchtwasseruntersuchung. So kann die Gefahr der Geburt eines behinderten Kindes ausgeschlossen werden.«

»Die finanzielle Belastung für die medizinische Versorgung eines behinderten Kindes ist immens. Diese Ausgaben könnten nutzbringender für die Ernährung von Kindern in der Dritten Welt verwendet werden.«

»Da die Zahl der Geburten in unserer Gesellschaft rückläufig ist, sollte darauf geachtet werden, dass nur gesunde Kinder zur Welt kommen.«

»Die Gentherapie ermöglicht es, heute als unheilbar geltende Krankheiten zu beseitigen.«

»Freie Bahn für alle Tüchtigen – das ist unsere Losung.«

»In einer immer komplizierter werdenden Welt und einer Zeit schwindender Ressourcen sollten die Menschen maßgeschneidert sein, um überleben zu können.«

»Die Empfänger von Organen können in den meisten Fällen durch die Transplantation eine langfristige gute körperliche, seelisch-geistige und soziale Rehabilitation erreichen.«

»Ich finde es faszinierend, dass man bald ein Kind nach der eigenen Vorstellung bekommen kann.«

»Gentechnik dient dazu, die Fehler der Natur zu korrigieren.«

»Die Medizin hat bereits eine Fülle von Medikamenten und Therapien zum Wohl der Menschen hervorgebracht. Es ist nicht legitim, sie nicht zu nutzen.«

»Die Forschung von heute ist die Technik von morgen.«

Der Mensch – das Maß aller Dinge?

Orientierungen

Das Grundgesetz sagt:

»Die Würde des Menschen ist unantastbar. Sie zu achten und zu schützen, ist die Verpflichtung aller staatlichen Gewalt.« (Artikel 1 Absatz 1)
»Jede/r hat das Recht auf Leben und körperliche Unversehrtheit. Die Freiheit der Person ist unverletzlich. In dieses Recht darf nur auf Grund eines Gesetzes eingegriffen werden.« (Artikel 2 Absatz 2)

Das Bundesverfassungsgericht sagt:

»In der freiheitlichen Demokratie ist die Würde des Menschen der oberste Wert. Sie ist unantastbar, vom Staate zu achten und zu schützen. Der Mensch ist danach eine mit der Fähigkeit zu eigenverantwortlicher Lebensgestaltung begabte Persönlichkeit ... Um seiner Würde willen muss ihm eine möglichst weitgehende Entfaltung seiner Persönlichkeit gesichert werden. ... Da Menschenwürde und Freiheit jedem Menschen zukommen, die Menschen insoweit gleich sind, ist das Prinzip der Gleichbehandlung aller für die freiheitliche Demokratie ein selbstverständliches Postulat.«

Die Bibel sagt:

»Dann sprach Gott: Lasst uns Menschen machen als unser Abbild, uns ähnlich. Sie sollen herrschen über die Fische des Meeres, über die Vögel des Himmels, über das Vieh, über die ganze Erde und über alle Kriechtiere auf dem Land. Gott schuf also den Menschen als sein Abbild; als Abbild Gottes schuf er ihn. Als Mann und Frau schuf er sie. Gott sah alles an, was er gemacht hatte: Es war sehr gut.« (Gen 1,26f.31)

Das II. Vatikanische Konzil (1962-65) sagt:

»Gleichzeitig wächst auch das Bewusstsein der erhabenen Würde, die der menschlichen Person zukommt, da sie die ganze Dingwelt überragt und Träger allgemein gültiger sowie unverletzlicher Rechte und Pflichten ist. Es muss also alles dem Menschen zugänglich gemacht werden, was er für ein wirklich menschliches Leben braucht wie Nahrung, Kleidung und Wohnung, sodann das Recht auf eine freie Wahl des Lebensstandes und auf Familiengründung, auf Erziehung, Arbeit, guten Ruf, Ehre und auf geziemende Information; ferner das Recht zum Handeln nach der rechten Norm seines Gewissens, das Recht auf Schutz seiner privaten Sphäre und auf die rechte Freiheit auch in religiösen Dingen.« (Kirche und Welt 26)
»Was ferner zum Leben selbst in Gegensatz steht, wie jede Art Mord, Völkermord, Abtreibung, Euthanasie und auch der freiwillige Selbstmord; was immer die Unantastbarkeit der menschlichen Person verletzt, wie Verstümmelung, körperliche oder seelische Folter und der Versuch, psychischen Zwang auszuüben; was immer die menschliche Würde angreift, wie unmenschliche Lebensbedingungen ... sodann auch unwürdige Arbeitsbedingungen, bei denen der Arbeiter als bloßes Erwerbsmittel und nicht als freie und verantwortliche Person behandelt werden: All diese und andere Taten sind an sich schon eine Schande; sie sind eine Zersetzung der menschlichen Kultur, entwürdigen weit mehr jene, die das Unrecht tun, als jene, die es erleiden. Zugleich sind sie in höchstem Maße ein Widerspruch gegen die Ehre des Schöpfers.« (Kirche und Welt 27)

Die Deutsche Bischofskonferenz und der Rat der Evangelischen Kirche in Deutschland (1990) sagen:

»Manchen Menschen mag es schwer fallen mitzuvollziehen, welch raschen Fortgang wissenschaftliche Erkenntnisse und ihre praktische Anwendung nehmen. Dürfen wir alles in die Tat umsetzen, was wir können? Die unantastbare Würde des Menschen bestimmt die Grenzen, die unbedingt zu achten und einzuhalten sind. ... Verantwortliches Mitdenken aller ist darum erforderlich, damit ärztlichem Können gebührendes Vertrauen und öffentliche Unterstützung entgegengebracht werden. Wir wissen, dass unser Leben Gottes Geschenk ist, das er uns anvertraut hat, um ihm die Ehre zu geben und anderen Menschen zu helfen. Diese Bestimmung unseres Lebens gilt bis zum Sterben, ja möglicherweise über den Tod hinaus.« (Gemeinsame Texte 1, Organtransplantationen)

Die Muschel und der Fisch

Tief unten, am Grunde eines Sees, lebte einmal eine Muschel. Ihre Schalen waren dunkel wie der Grund des Sees. Man musste sehr genau hinsehen, um die Muschel nicht zu übersehen. Die Muschel machte nichts aus sich. Sie war zufrieden, dazuliegen und zu staunen.
Am besten gefiel der Muschel, wenn Vollmond war. Dann stand der Mond als runde Scheibe über dem Wasser und das milde Mondlicht leuchtete hinab auf den Grund des Sees bis zu unserer Muschel. Die lag dann ganz still da und schaute und nahm das Licht in sich hinein, in ihr Inneres, in ihr Herz.

Eines Tages kam ein Fisch zur Muschel geschwommen. »Sieh mal an, eine Muschel«, sagte der Fisch. »Bald hätte ich dich übersehen, du kleines Muschelding.« Der Fisch sprach so; er war nämlich ein sehr eingebildeter, ein sehr stolzer Fisch. Dann holte er tief Atem und schwamm vor der Muschel hin und her. So konnte man ihn von allen Seiten sehen und sein schillerndes Schuppenkleid bewundern.
›Wie schön der Fisch ist‹, dachte die Muschel. ›Wie kann er sich drehen und wenden. Er ist sehr beweglich, gewandt.‹ Es fiel der Muschel aber nicht ein, den Fisch zu beneiden. Sie war einfach einmal eine Muschel und saß am Boden des Sees. Es gefiel ihr, zu lauschen, zu schauen. Vor allem aber gefiel ihr das milde Licht des Mondes. Sie war mit sich zufrieden. Der Fisch aber tanzte vor der Muschel im Kreise. Er schimmerte und schillerte. Er zeigte alle seine Künste. Er wollte bewundert werden. Dabei merkte er nicht, wie sehr es gefährlich wurde.

Eines Nachts, als der Himmel voller Sterne hing und der Mond rund und voll leuchtete, kam der Fisch wieder zur Muschel angeschwommen. Die Muschel lag ganz ruhig da und tat, was sie so gerne tat, lauschen, schauen. »Was machst du da?«, fragte sie der Fisch. »Ich bin still«, antwortete die Muschel. »Wenn man still ist, beginnen die Dinge zu reden. Alles hat seine Sprache. Hörst du das Wasser, die Pflanzen, die Steine? Wenn man in Ruhe ist, fängt alles zu leuchten an. Siehst du den Himmel, die Sterne, den gelben Mond?«
Der Fisch verstand davon nichts. »Dinge können nicht reden«, meinte er. »Was du siehst, ist nichts Besonderes. Still und ruhig sein ist langweilig. Bewegen muss man sich können, bewegen, so wie ich es kann.« Verächtlich drehte er sich um und schwamm davon.

In dieser Nacht fuhr ein Fischer mit seinem Boot über den See. Er warf seine Netze aus. Dann wartete er in seinem Boot auf den Morgen. Als die Sonne aufging, waren die Netze voll und schwer. Der Fischer zog sie ins Boot. Vieles kam da ans Licht: Wasserpflanzen, Muscheln, Fische, Brauchbares und Unbrauchbares. Unter dem Fang waren auch unsere Muschel und unser Fisch. Der Fischer begann, sein Netz zu leeren. Fisch kam zu Fisch. Einer lag neben dem anderen. Einer glich dem anderen. Heute noch würden sie zum Markt gebracht und verkauft werden. Der Fischer lebte schließlich von den Fischen.
Dann holte der Fischer aus dem Netz, was sich sonst noch darin befand. Als er die dunkelbraune Muschel ergriff, spürte er: In ihr muss ein Schatz verboten sein. Behutsam öffnete er sie. Da ergriff ihn Staunen. Noch nie hatte er so etwas Wunderbares gesehen. Die Innenseiten der Schalen glänzten wie Silber und es fand sich in der Muschel eine Perle, kostbar, schön. Alles, was die Muschel tief unten auf dem Grund des Sees in Stille und Ruhe gelauscht, geschaut, was sie in ihr Herz aufgenommen hatte, war zu einem Schatz geworden, zu einer edlen Perle.

Erläuterungen und methodische Anregungen

Das **Titelbild** zeigt ein geordnetes Heer bis ins Detail vereinheitlichter Mädchengestalten, die aus einem Großfernseher heraustreten. Sie gleichen sich gänzlich in Kleidung, Körperhaltung, Puppe sowie in der Kopfform »Kleinfernsehgerät«. Aus der Vielfalt menschlichen Aussehens und Verhaltens wurde »Einfalt«. Eine solche Tendenz zu Vereinheitlichung und Ausschalten von Normabweichungen findet sich in vielen Bereichen unserer Gesellschaft. Dem »idealtypischen« Menschen begegnen wir u.a. in der Werbung, im Bereich der biologischen und medizinischen Forschung oder im Wunschdenken von Wirtschaft und Industrie. Viele, die der Idealnorm nicht entsprechen, fühlen sich minderwertig oder überflüssig. Sie müssen um ihr Daseinsrecht kämpfen und erleben, dass ihnen das Recht auf Anderssein abgesprochen wird.

- die Graphik in Einzelarbeit betrachten und deuten; die Deutungsversuche in anschließender Gruppenarbeit vorstellen und besprechen
- die wichtigsten Aussagen der Gruppen auf einem Plakat festhalten
- der Graphik einen Titel geben
- sinngleiche Collagen anfertigen, z.B.: der gesteuerte Mensch in der Werbung, im Bereich der biologischen Forschung ...
- zu diesen Collagen »Gegencollagen« erstellen
- das Thema »Unsere Klasse wird vereinheitlicht« bearbeiten.

Die Kernfrage des behinderten Jugendlichen Blaine Deatherage-Newson lautet: **»Wäre die Welt besser dran ohne mich?«** In seinem Aufruf stellt er konkrete Fragen zum Umgang mit behinderten Menschen, die auch konkrete Antworten verlangen. Dieses wahre (!) Fallbeispiel ist ein direkter Impuls an alle in der Lerngruppe, eindeutig Stellung zu beziehen.

- die Fragen des Textes zunächst in Einzelarbeit beantworten und zur Diskussion stellen
- die zentrale Frage des Berichtes in einem Pro- und Kontra-Gespräch diskutieren
- über den beschriebenen Fall »Kind mit Wasserkopf und offenem Rücken – soll es leben oder sterben?« *vor* und *nach* der UE »abstimmen« und die Ergebnisse vergleichen.

Wann sprechen wir heute von **»wertvollem Leben«**? Als Anregung zur intensiven Auseinandersetzung mit dieser Problemstellung werden aktuelle Beispiele (linke Spalte) bzw. Meinungen (rechte Spalte) aufgeführt, in denen Menschen im Blick auf eigenes oder fremdes Leben Stellung beziehen. Die Antworten unterscheiden sich je nach Distanzierungsmöglichkeit, emotionaler Betroffenheit und weltanschaulichem Standpunkt.

- aus den Fallbeispielen bzw. Meinungen zwei auswählen und in Einzelarbeit begründete Stellungnahme beziehen bzw. aufgeworfene Fragen notieren
- die angesprochenen Problemfelder stichwortartig beschreiben
- sich zu schwer verständlichen Inhalten Informationen beschaffen
- hinter den Fallbeispielen und Ansichten stehende Menschenbilder herausarbeiten.

Nach Protagoras aus Abdera (etwa 481-411 v. Chr.) ist der Mensch »das Maß aller Dinge«. In der **Bildmontage** (Leonardo da Vinci; Erde) kommt dieses Menschenbild zum Ausdruck.

- die Rechtfertigung dieser Vorstellung diskutieren
- Vorstellungen darüber entwickeln, wie einzelne Wissenschaften »ihren Menschen« konstruieren würden (z.B. im Blick auf Raumfahrt, Sport oder EDV-Bereich)
- in einer Bildmontage den Menschen in die rechte Relation zur Welt (Schöpfung) setzen.

Die **»Orientierungen«** beinhalten allgemein verbindliche Aussagen über Menschenrechte und -würde, wie sie heute weltwelt Geltung besitzen sowie wesentliche Aussagen kirchlicher Lehre. Diese sollen zu den landläufigen Vorstellungen, wie sie auf S. 19 zum Tragen kamen, sowie den Ansichten der Schülerinnen und Schüler in Beziehung gesetzt werden.

- die politischen mit den biblischen und kirchlichen Aussagen vergleichen
- die hinter den »Orientierungen« stehenden Menschenbilder beschreiben
- die eigenen Wertvorstellungen anhand dieser Aussagen überprüfen.

Mit der Geschichte **»Die Muschel und der Fisch«** wird eine weitere Dimension des Themas beschritten. Die Antwort auf die Frage nach dem, was lebenswert ist, soll nicht nur im Blick auf Grenzsituationen und deren ethische Fragestellungen gegeben werden. Denn diese Frage stellt sich auch (gesunden) Jugendlichen, die vor dem Schritt in die Erwachsenen- und Arbeitswelt stehen. Unsere derzeitige gesellschaftliche und wirtschaftliche Situation erschwert ihnen diesen Schritt und ist daher vielfach Anlass, sich selbst als wenig wertvoll zu betrachten. Aus der Tiefe dagegen wachsen neue Kräfte – aber nur dann, wenn Menschen sich mit ihr vertraut machen. Für die Begegnung mit der eigenen Tiefe können bildhafte Geschichten, z.B. Märchen, eine Hilfe sein. In vielen Märchen müssen Menschen in die Tiefe steigen, um das wahre Leben zu finden (vgl. z.B. »Frau Holle«; s. Anhang S. 97). Tiefe hat etwas Verlockendes und Geheimnisvolles; zugleich schreckt und ängstigt sie. In der Geschichte »Die Muschel und der Fisch« lebt die Muschel in der Tiefe. Mit ihr hat sie sich vertraut gemacht; sie braucht sich dort nicht zu ängstigen. Gelassen und mit wachen Sinnen kann sie daher alles aufnehmen, was ihr begegnet. Dadurch entfaltet sich in ihr ein kostbarer Schatz. So gleicht sie »tiefen« Menschen, die zwar nicht einfach zu durchschauen sind (»Stille Wasser gründen tief«), aber aus einer starken, inneren Kraftquelle leben. Dem Fisch dagegen sind Äußerlichkeiten sehr wichtig; er lebt mehr an der Oberfläche – daher bleibt ihm die Tiefe verschlossen. Mit seinem nach außen gerichteten Sehen kann er ihre Schönheiten und Schätze nicht entdecken. Nur wer mit den Augen des Herzens zu sehen gelernt hat, erspürt (wie der Fischer), was tief im Innern an Kostbarkeiten verborgen liegt.

- die Geschichte vorlesen, anschließend (evtl. bei leiser Musik) Zeit geben, dem Gehörten nachzuspüren; dann die Szene malen (Finger- oder Deckfarben), die am tiefsten beeindruckt hat; Austausch im Gespräch
- sich – je nachdem, welche Rolle am besten passt – in die Muschel oder den Fisch versetzen: Welche Gedanken gehen mir durch den Kopf? Was bewegt mich?
- die Gegenrolle einnehmen: Was ärgert mich daran? Warum möchte ich *so* nicht leben?
- passende Musik zur Muschel bzw. zum Fisch aussuchen; diese einspielen und entsprechende Abschnitte aus der Geschichte vorlesen
- meditatives Schreibgespräch (schweigend) in Gruppen von 4-6 SchülerInnen durchführen: In die Mitte eines Plakates »Tiefe« schreiben – das Wort auf sich wirken lassen – die Gedanken aufschreiben – die anderen können sich schriftlich dazu äußern – Auswertung im Gespräch
- jede Gruppe liest im Plenum 3-4 Äußerungen vor und/oder jede/r wählt für sich eine Äußerung, die sie/ihn besonders anspricht
- in Einzelarbeit überlegen: Was hilft mir, in die Tiefe zu gehen? Was ängstigt mich?
- in PartnerIn- oder Gruppenarbeit Bilder suchen, die Tiefe ausdrücken (sprachliche Bilder, Fotos, Kunstdrucke)
- ein Bild malen, das Tiefe ausdrückt; sich selbst in das Bild hineinmalen: Warum möchte ich gerade an dieser Stelle sein?

Brunnen gelten als Symbol der Tiefe. Sie stehen für lebensbedeutsame Erfahrungen und für die eigene Selbstwahrnehmung. Aus dem Grund des Brunnens können sich dem Menschen, der gelernt hat, dessen »Sprache« sensibel wahrzunehmen, neue Lebensquellen erschließen. In diese Richtung zielen auch die biblischen Brunnengeschichten – sie verweisen auf die Möglichkeit der Gotteserfahrung.

- aus den Brunnentexten einen, der gefällt, auswählen, Assoziationen aufschreiben oder ein Bild malen
- einen Text oder einen Ausschnitt daraus als Schreibbild gestalten
- Brunnenbilder vor dem inneren Auge entstehen lassen. Wo befinden sich die Brunnen? Wie sehen sie aus? Was verbindet sich mit ihnen? Anschließend einen Aspekt malen oder einen Text schreiben

- Brunnengedichte suchen (Gedichtsammlungen, Lesebücher)
- Brunnengeschichten der Bibel lesen (Gen 16,7-14; 21,14-20 bzw. 9-21; Gen 24,1-67; Joh 4,1-42; Ez 47,1-12)
- die Bedeutung von Brunnen für das Leben des Menschen / eines Volkes bedenken.

Wissenswertes Wissenswertes Wissenswertes

Euthanasie
Dieser Begriff entstammt der griechischen Sprache und bedeutet »guter Tod«. Vielfach wird auch von »Sterbehilfe« gesprochen. Rein rechtlich wird zwischen »aktiver« Sterbehilfe (d.h. Tötung eines Menschen auf seinen Wunsch hin oder mit dem Einverständnis der Angehörigen) und »passiver« Sterbehilfe (Verzicht auf alle lebensverlängernden Maßnahmen) unterschieden. Aus christlicher Perspektive ist Sterbehilfe eine Hilfeleistung an sterbenden Menschen. Sie bezeichnet alles, was die sterbende Person braucht, um das ihr verbleibende Leben so weit wie möglich persönlich gestalten und einen menschenwürdigen Tod sterben zu können. Konkret umfasst dies:

- alle ärztlichen und pflegerischen Hilfeleistungen, die das Leben erträglich machen;
- jede geistig-seelische Hilfe, die es der sterbenden Person möglich macht, sich mit ihrem Sterben und ihrem Tod auseinander zu setzen und menschenwürdig zu sterben.

Gen
Mit dem Begriff »Gen« wird ein Informationselement auf der DNS (Desoxyribonukleinsäure) bezeichnet, das die Erbanlage für den Bau eines bestimmten Proteins enthält.

Gentechnologie
ist ein Teilgebiet der Biotechnologie. Sie erforscht den Aufbau und die Zusammensetzung der Erbsubstanz (Genom) und fragt nach den Möglichkeiten, Erbmaterial durch gezielte Veränderungen zu beeinflussen (z.B. um Erbkrankheiten auszuschalten). Gentechnik ist die Anwendung dieser Technologie. Ein bekanntes Beispiel ist die gentechnische Herstellung von Insulin. Auch in der Krebsforschung sind gentechnologische Techniken bedeutsam.

Die Chromosomenanalyse
Die bekannteste Methode zur Früherkennung von Erbmängeln beim Menschen ist die Fruchtwasseruntersuchung. Hierzu wird in der 16. bis 17. Schwangerschaftswoche Fruchtwasser entnommen. Dieses enthält Zellen des Fötus. Aus ihnen werden die Chromosomen entnommen und hinsichtlich ihrer Art, Anzahl und Größe überprüft. Auf diese Weise lassen sich genetische Unregelmäßigkeiten erkennen. Sie verweisen auf eine Erkrankung des heranwachsenden Menschen (z.B. auf Mongolismus).

»Kloning«
Unter dem Begriff »Kloning« oder »Klonieren« versteht die Biologie jede Art von identischer Vervielfachung. Einen »Klon« bilden Zellen, die sich durch einfache Teilung vermehren (z.B. Vermehrung von Amöben oder Bakterien). Beim Kloning wird der Zellkern aus einer Körperzelle isoliert und in eine zuvor entkernte Eizelle eingebaut. Dadurch wird auf ungeschlechtliche Weise ein neues, identisches Lebewesen geschaffen.

Der Wert menschlichen Lebens
Gemessen am »Materialwert« der Elemente des Korpers (Wasser – 72%; Sauerstoff – 65%; Kohlenstoff – 18%; Wasserstoff – 10%; Stickstoff, Kalzium, Phosphat, Schwefel, Natrium, Chlor, gebrannter Kalk, Kochsalz) ist der Mensch nur einige Pfennige wert. Werden jedoch die biochemischen Verbindungen im menschlichen Organismus für die Festlegung des Wertes zugrunde gelegt, ergibt sich eine andere »Preisliste«: Der durchschnittliche Mensch von 75 Kilo (knapp 25 Kilo Trockenmasse) ist demnach nach dem Katalog eines amerikanischen Biochemikers mit 6 Millionen Dollar zu bewerten.

Wasserquell, quill hervor, fließe,
ströme Leben, du ...

Es macht die Wüste schön,
dass sie irgendwo einen Brunnen hat.

»Du hörst«, sagte der kleine Prinz, »wir wecken diesen Brunnen auf und er singt.«

Selbst musst du in den Brunnen springen, die Tiefe wagen, den inneren Raum und die innere Zeit entdecken.

Sie kommen zu den Brunnen, finden aber kein Wasser; sie kehren mit leeren Krügen zurück.

Sie sind wie Brunnen ohne Wasser. Blick in dein Inneres. Da drinnen ist eine Quelle des Guten, die niemals aufhört zu sprudeln, wenn du nicht aufhörst nachzugraben.

Liebe ist das Schönste auf der Welt

lieben – hassen

Leitmotiv

SUCHEN UND FINDEN		
Beziehung	Bindung	Liebe

Intentionen

- sensibel dafür werden, dass Liebe den ganzen Menschen umfasst
- über Erfahrungen der Liebe, die von Erfüllung und Schmerz geprägt sein können, taktvoll zu reden verstehen
- sich mit möglichen Wegen auseinander setzen, auf denen Liebe gelingen kann
- erkennen, dass partnerschaftliche Liebe von der Spannung zwischen Freiheit und Bindung lebt

Worum es geht

Liebe und Zärtlichkeit sind Themen, die alle Jugendlichen beschäftigen. Oftmals suchen sie Liebe als »das Schönste auf der Welt« und sehnen sich nach Verständnis und Geborgenheit, nach unendlichem Glück und zärtlicher Zweisamkeit. Auf der Suche nach der Erfüllung dieses Traums erleben sie sich vielfältigen Gefühlen ausgesetzt und werden mit der Erfahrung konfrontiert, dass ihre Wünsche nicht geachtet und ihre Vorstellungen enttäuscht werden. So ist »Liebe« für sie sowohl ein Zauberwort als auch etwas, das sie an- und einfordert.
Von Bedeutung ist auch, dass die Beziehung zu einer anderen Person immer die Beziehung zur eigenen Person in ihrer Ganzheit einschließt. Daher ist wichtig, auch die Körperlichkeit menschlicher Sexualität zu bedenken. Der Umbruch in der Bewertung von Leiblichkeit, der »befreite Eros« und das Entstehen neuer Formen der Lebensgemeinschaft von Mann und Frau stellen heutige Jugendliche vor eine Fülle von Fragen. Deshalb benötigen sie über angemessene sachliche Information hinaus Orientierungshilfen die es ihnen ermöglichen, den Weg zu einer ganzheitlich gelebten und verantworteten Sexualität zu finden.
Dieses Kapitel möchte den Schülerinnen und Schülern vermitteln, dass Liebe als die intensivste Beziehung zwischen zwei Menschen langsam wachsen muss, um auf die Dauer gelingen zu können. Und: Es ist Gottes Wille, dass menschliches Leben – auch in der Liebe – glückt.

Wovon ich träume ...

A
AUSSEHEN
F
D
LIEBE
R
SEHNSUCHT
U
C
H
TREUE
N
ZAERTLICHKEIT
C
H

Skorpion (24.10. - 22.11.)
♀ Augen auf! Dann bemerkst du ihn, den tollen Typen, der da draußen rumläuft und in den du dich glatt verlieben könntest! Einer, der auch deine dümmsten Ideen wahnsinnig klug findet. Und, was nicht zu verachten ist: Er sieht besser aus und tanzt besser, als du dir vorstellen kannst. Beten hilft nicht, jetzt ist deine Initiative gefragt!

__Jürgen__, 16.5.86. Hallo, Mädchen! Ich bin dein Traumtyp, sehe gut aus, bin sportlich und liebevoll. Bin auch sehr kinderlieb u. hoffe, dass ich endlich die Richtige finde. Ich warte sehnsüchtig auf dich, Frau meiner Träume. Melde dich! Tel. ... Kontaktinstitut Alpha, täglich 10 - 20 h.

Alle Welt soll es wissen:

WIR haben UNS gefunden und verlobt.
WIR wollen es wahr machen:
WIR werden für immer zusammenbleiben.
WIR haben die wahre Liebe gefunden.

Katja Thiemann und ***Jürgen Rombach***
mit Familien

Anja, 23 Jahre, Kinderkrankenschwester, ist eine hübsche jg. Frau mit liebev. Wesen u. weibl. Figur. Sie hat eine gr. Enttäuschung hinter sich u. fühlt sich sehr einsam. Wo ist der treue, zärtliche Partner, der sie in seine Arme schließt u. mit ihr einen neuen Anfang wagt? Rufen Sie gleich an!
Tel. ... 9 - 22 Uhr – Freundschaftsvermittlung AG

Sie spielte die Hauptrolle in
»Romeo & Julia«,
dem Film nach Shakespeares berühmten Liebesdrama –
und hatte während der Dreharbeiten den
größten Liebeskummer
ihres Lebens.

Meine erste rosarote Liebe

Endlich Schulschluss! Ich sprang die Treppe hinunter und rempelte jemanden in voller Fahrt an. Entschuldigung stammelnd sah ich ihn das erste Mal. Er lachte über das sommerbesprosste Gesicht und winkte ab – ich lief weiter. Erst abends fiel mir meine Begegnung wieder ein, und das erste Mal in meinem Leben freute ich mich auf die Schule.

In der ersten Pause stand ich auf dem Schulhof und guckte möglichst unauffällig, ob ich ihn irgendwo entdecken konnte. Er war nicht da. Irgendetwas in mir wurde sehr schwer. In mir waren plötzlich viele Zweifel und Fragen: Ich dachte, dass ich ihn wohl kaum wieder sehen würde, vielleicht besuchte er eine andere Schule. Ich hatte ihn ja zuvor noch nie gesehen.

In der letzten Pause vor Schulschluss saß ich wieder draußen auf dem Pausenhof und hatte das Suchen schon aufgegeben. Zwei Mädchen aus einer höheren Klasse kamen auf mich zu und gaben mir ein Heft. Ich nahm es erstaunt und sonderte mich ab, um aufgeregt Seite um Seite zu lesen. Es war eine rührende Geschichte von zwei rosa Hunden, die sich nicht kannten. Der eine rosa Hund beobachtete den anderen schon lange und war nur zu schüchtern, um auf den anderen zuzugehen. Doch weil sie beide rosa waren, gehörten sie eigentlich zusammen. Unter dieser Fabel stand Name und Anschrift des Schreibers. Da war ich sehr gespannt, mein rosa Gegenstück kennen zu lernen.

Beim Mittagessen bekam ich keinen Bissen herunter. Mein Bruder riet mir, einfach anzurufen, dann würde ich ja sehen. Da saß ich nun im Flur am Telefontischchen und dachte, mein Bruder hat gut reden. Unsicher wählte ich die Nummer. Es meldete sich eine sehr angenehme Stimme. Ich ahnte, dass er es war. Mit trockenem Mund erklärte ich ihm, warum ich anrief. Er war sehr erstaunt über meinen Anruf, fragte mich aber gleich, ob wir uns nicht treffen könnten, was mich sehr erleichterte. Wir verabredeten uns an einem nahe gelegenen See, wo wir spazieren gehen wollten.

Ich zog mein neues T-Shirt aus dem Kleiderschrank, warf noch einen kurzen Blick in den Spiegel und machte mich auf den Weg. Plötzlich war ich mir gar nicht mehr so sicher, ob ich ihn kennen lernen wollte. Meine Kniee waren ganz weich, und mein Herz raste. Am liebsten wäre ich zurückgegangen. Aber ich war auch neugierig.

Dann standen wir voreinander: Es war der Junge, den ich fast umgerannt hätte. Er hatte ein nettes Lachen und wache Augen. Ich versteckte meine nervösen Hände in den Hosentaschen, ich hatte furchtbare Angst, etwas Falsches zu sagen. Er erzählte ein bisschen von sich. Während der ganzen Zeit blieb ich ziemlich schweigsam, dachte nur immer wieder, hoffentlich enttäuschst du ihn nicht, und muss sehr verkrampft gewirkt haben. Doch er war gleich sehr offen und gesprächig. Irgendwann fielen die Schranken, und auch ich redete und kam mir gleich besser vor. Wir vergaßen die Zeit, während wir da gingen und sprachen. Ich vermied es jedoch, ihn anzusehen, denn seine Augen machten mich immer noch unsicher. Er schlug vor, sich auf eine Bank zu setzen. Als wir nebeneinander saßen, wurde ich schon wieder nervös. Schließlich fand ich eine Ausrede, um diese Situation zu beenden. Er bedauerte, dass ich schon gehen müsse, und schlug vor, am kommenden Tag auf einen Tee vorbeizukommen. Obwohl ich unsere Trennung herbeigeführt hatte, fiel es mir schwer, mich zu verabschieden.

Am nächsten Tag sah ich ihn in der Schule nur von weitem, und wir grüßten uns lediglich durch ein kaum merkliches Kopfnicken. Ich dachte: das war es also, er mag mich doch nicht. Ich ging nach Hause und fühlte mich krank und elend.

Die Stunden bis zum verabredeten Wiedersehen wollten nicht vergehen. Doch dann kam er. Wieder war ich ganz aufgeregt, und ich bekam, glaube ich, sogar einen roten Kopf. Doch diesmal kamen wir schneller ins Gespräch. Ich legte Musik auf und zeigte ihm Fotos, wobei ich ihm die Geschichte jedes Bildes erzählte. Einmal berührten sich unsere Hände. Ich begann zu zittern und ging erst mal in die Küche, um Tee zu kochen und um wieder ruhig zu werden. Wir tranken Tee, und es wurde später. Ich saß am Tisch und er auf dem Sofa, als er mich um Stift und Papier bat. Er schrieb, während ich mit dem Rücken zu ihm gewandt saß, um eine neue Platte aufzulegen. Dann schob er mir den Zettel zu. Und dann las ich: »Ich habe mich in dich verliebt.« Ganz langsam drehte ich mich zu ihm um. »Meinst du das ehrlich?«, fragte ich voll Zweifel. Vorsichtig nahm er meine Hand und spielte mit meinen Fingern. Ich schaute in sein Gesicht und glaubte ihm.

Nele Kleyer

Das halte ich nicht aus!

Ich bin völlig durcheinander. Gestern hat mir mein bester Freund etwas Unglaubliches erzählt. Er glaubt, er sei schwul. Das kann ich nicht verstehen; er ist doch sonst völlig normal. Ich kann jeden Quatsch mit ihm machen, wir spielen zusammen Badminton, und ich kann mit ihm über meine Probleme reden. Ich kenne ihn schon seit dem 5. Schuljahr. Und jetzt das!!
Ich weiß nicht, was ich machen soll. Soll ich mich jetzt von ihm zurückziehen? Soll ich ihn zu einer Therapie überreden? Oder soll ich mich so verhalten, als wäre nichts geschehen?

Markus

Nun bin schon seit einigen Monaten mit Martin befreundet. Erst ging alles so richtig gut, aber in letzter Zeit kommt es ständig zu Auseinandersetzungen. Und zwar immer dann, wenn es um die Frage geht, ob wir miteinander schlafen oder nicht.
Martin hat es da, glaube ich, leichter. Seine Familie ist so ganz anders als meine. Er redet mit seinen Eltern über Sexualität so wie andere Leute über das Wetter. Nach Martins Vorstellung ist auch das Miteinanderschlafen etwas ganz Normales, das einfach zu jeder Beziehung gehört. Er hat mir auch ganz selbstverständlich erzählt, dass er mit seinen früheren Freundinnen geschlafen hat. Er meint, ich solle mich nicht so zieren – schließlich würde er doch nichts Schlimmes von mir erwarten.
Aber bei uns zu Hause war das schon immer ganz anders. Meine Eltern sagen, dass das Miteinanderschlafen etwas Besonderes ist. Ich solle mir sehr gut überlegen, mit welchem Jungen ich ins Bett gehen möchte. Erst wenn ich mir ganz sicher sei, dass ich ihn liebe und mit ihm auch wirklich zusammenbleiben möchte, sollte ich mit ihm schlafen. Das kann Martin überhaupt nicht nachvollziehen. Und so kämpfen wir eben weiter ...

Karin (18)

Jeden Abend, wenn ich mich ausgekotzt habe, sage ich mir: »Morgen werde ich nicht mehr alles in mich reinfressen!« Doch am nächsten Tag ändert sich wieder nichts. Weder meine Eltern noch meine beste Freundin wissen, wie sehr mich mein Leben »ankotzt«. Vor einem halben Jahr ist mein Freund gestorben. Seitdem ist das Leben für mich sinnlos. Ich denke nur noch daran, Schluss zu machen.

Miriam (16)

Ganze sechs Wochen waren wir zusammen. Dann habe ich Schluss gemacht. Warum? Weil ich ständig das Gefühl hatte, er träfe sich mit noch anderen Mädchen. Das war vor vier Monaten. Am vergangenen Sonntag habe ich ihn wieder getroffen. Und habe mich wieder in ihn verliebt. Aber er gibt sich völlig desinteressiert. Ein gemeinsamer Freund will ein Treffen arrangieren. Aber ich befürchte, dass ich mich vor ihm nur bloßstelle, wenn ich meine Gefühle gestehe.

Bianca (17)

Warum steht eigentlich so wenig Konkretes über die Beziehung zwischen Jungen und Mädchen, Männern und Frauen in der Bibel? Hatten die Menschen damals keine Probleme mit der Sexualität? Manchmal möchte ich schon wissen, warum Gott uns da so wenig hilft. Er muss doch wissen, dass das alles so kompliziert ist!

Klaus

Ich liebe dich!

Susan (16) und Jakob (17), 14 Monate Liebe auf Distanz

Jakob: Wir stimmen eigentlich in allem überein. Egal, ob es um den Charakter geht oder um Hobbys. Vor allem aber sind wir beide hoffnungslos romantisch.

Susan: Einige finden, dass wir es mit der Romantik übertreiben, dass wir alles viel zu ernst nehmen ... Jakob ist unglaublich aufmerksam. Wenn ich sage, dass mir etwas gefällt, merkt er sich das sofort.

Jakob: Ich liebe es, Susan Geschenke zu machen. Wenn wir in einer Drogerie stehen und ihr ein Duft gefällt, bekommt sie am nächsten Tag ein Päckchen mit dem Parfüm. Früher haben mir meine Freunde am meisten bedeutet, aber inzwischen ist Susan der wichtigste Mensch in meinem Leben. Meine Freunde sind zum Glück begeistert von ihr. Susan und ich haben denselben Humor. Außerdem kann ich mit ihr wunderbar über Musik reden.

Susan: Wir kaufen zusammen Klamotten, haben den gleichen Geschmack und tauschen sogar unsere Hosen und Pullover.

Jakob: Eine sehr wichtige Gemeinsamkeit ist unser jüdischer Glaube. Wir haben uns in einem Feriencamp für jüdische Kinder und Jugendliche kennen gelernt und lassen uns jetzt beide zu Gruppenleitern ausbilden, weil wir zusammen Jugendarbeit machen wollen. Das Beste ist, dass ich mit ihr über alles reden kann. Wir wissen genau, wie wir miteinander umgehen müssen.

Susan: Es ist allerdings schwer, auf die Entfernung Berlin-Hamburg mit der Eifersucht fertig zu werden. Es ist nicht so, dass wir uns nicht vertrauen ...

Jakob: ... aber natürlich mache ich mir Sorgen, wenn sie den ganzen Abend auf einer Party ist. Vielleicht sind da betrunkene Jungs, die was von ihr wollen. Ohne gegenseitiges Vertrauen kann die Liebe auf Distanz gar nicht funktionieren. Wenn man zeigt, wie viel man für einander empfindet, kann man auch in zwei verschiedenen Städten ruhig schlafen.

Langsam wachsen

Bitte, dränge nicht auf schnelle Offenheit.
Ich kann sie dir nicht geben,
ohne dabei wichtige Stufen zu überspringen.
Ich will mich an die stillen Gesetze
des Wachstums halten.
Alles, was Durchhalten
und eine wirkliche Tiefe erreichen soll,
muss organisch und langsam wachsen.

Ein Mann pflanzte einen Baum,
und weil der Baum nicht schnell genug wuchs,
brachte er einen Flaschenzug an dem Baum an
in der Hoffnung, so Wachstum zu erzwingen.
Als er Gewalt anwandte,
riss er die Wurzeln aus der Erde,
in der sie gerade Halt gefunden hatten.
Der Baum vertrocknete und starb.

Wir müssen begreifen,
dass wir oft der Liebe nicht nachhelfen können,
noch nicht einmal unserer eigenen Liebe.
Langsam wie ein Baum muss sie wachsen,
wenn sie stark und gesund sein soll.

Ulrich Schaffer

Und ihn habe ich einmal geliebt ...

Manchmal denke ich, das alles habe sich erst gestern ereignet. Und doch liegt es bereits viele Jahre zurück.

Ich höre, wie er den Saiten seines Instruments eine leise, sanfte Melodie entlockt.
Ich höre seine warme Stimme, mit der er dazu singt.
Ich sehe seine strahlenden Augen, seine unglaublich gute Figur.
Er sieht mich nicht, denn ich habe mich in einer Nische versteckt.
Ich weiß: Ich bin verliebt, verliebt über beide Ohren.
Ich muss einen Weg finden, ihn das wissen zu lassen ...

Aber mein Vater erfährt es vor ihm. Erst ist er schrecklich wütend, dann aber betrachtet er diese Entwicklung als günstige Fügung. Er glaubt, die Lösung seines Problems gefunden zu haben. Denn so sehr ich David liebe, so sehr fürchtet er ihn. So kann ich es zunächst nicht glauben: Mein Vater schlägt selbst vor, dass ich Davids Frau werden soll – allerdings nur unter der Voraussetzung, dass dieser zuvor eine heikle militärische Aktion durchführt. Mein Vater – Gott sei seiner Seele gnädig – hofft, dass dieses Unterfangen David das Leben kosten wird. Ich aber bete und schreie zu Gott, dass mein Geliebter gesund zurückkehrt. Gott hat mein Gebet erhört. Und so werde ich Davids Frau.

Ich liege neben ihm. Spüre seinen Atem und seine Wärme.
Ich bin am Ziel meiner Träume angelangt.
Da – Stimmen vor dem Haus.
Ich höre Wortfetzen: »Haftbefehl« – »... soll ein Attentat verübt haben ...«
Mein Vater! Er will meinen Mann immer noch beseitigen!
Ich wecke David. Der Hinterausgang ist nicht bewacht.
Ich kenne einen Fluchtweg. David ist gerettet!
Das Militär zieht ab.

Aber nun bin ich wieder allein. David lebt fern von mir, meldet sich nicht. Ob er gesund ist? Ob es ihm gut geht? Ich denke Tag und Nacht an ihn. Doch keine Nachricht kommt. Liebt er mich nicht mehr? Wie soll ich ohne ihn leben? Mein Vater ruft mich zu sich: David hat dich vergessen! Und er hat einen anderen Mann für mich ausgesucht. Ihn wirst du heiraten. Die Heirat mit David ist null und nichtig.

Ich kann mich nicht wehren. Ich lasse geschehen, was geschieht.
Ich hoffe auf ein Wunder. Auf das Wunder, dass David kommt und mich holt.
Ich warte vergebens.
Mein neuer Mann hat Geduld mit mir. Nimmt Rücksicht auf meine seelische Verfassung.
Allmählich kommen wir einander näher.

Aber dann geschieht das Wunder. David schickt nach mir: Komm zurück zu mir, ich brauche dich. Ich zögere. Doch der Abgesandte drängt. Ich denke an meine erste Liebe, an die Musik, an den Rausch der ersten Tage meiner ersten Ehe. Ich schwanke hin und her. Dann gehe ich zurück zu David.

Ich sehe ihn vor mir. Er ist ein mächtiger Mann geworden. Mächtiger als mein Vater.
Er begrüßt mich höflich. Ich spüre: Vor mir steht ein Fremder.
Er hat mir eine ganze Zimmerflucht einrichten lassen.
Hier verbringe ich meine Tage.
Ich habe Zeit, nachzudenken.
Und nun weiß ich: Er braucht mich, um seine Macht und seinen Einfluss auszubauen.
Mit der Tochter eines Königs als Ehefrau hat er alle Karten in der Hand.

Aber ich bin einsamer denn je. Meine Liebe ist kalt.

vgl. 1 Sam 18,20-27; 19,11-17; 25,44; 2 Sam 3,13-16

Erläuterungen und methodische Hinweise

Das **Foto** ist zur Einführung in die Thematik geeignet und gibt den Jugendlichen Gelegenheit, ihre eigenen Gedanken, Fragen und Hoffnungen zu äußern. Ein Einstieg in Form eines Fragespiels setzt persönliche Offenheit der Schülerinnen und Schüler sowie eine entsprechende Atmosphäre in der Lerngruppe voraus. Ist dies nicht gegeben, bietet sich die Gestaltung einer Plakatwand an. Ggf. ist mit der Lerngruppe abzuklären, ob – zumindest in Teilen der Unterrichtsreihe – geschlechtsspezifisch differenziert wird (Mädchengruppe – Jungengruppe).

- Fragespiel: Auf kleine Kärtchen Fragen aufschreiben, diese verdeckt hinlegen. Eine erste Person zieht ein Kärtchen, stellt die Frage an eine/n in der Lerngruppe und ist GesprächsleiterIn der ersten Fragerunde, kann jedoch auch selbst befragt werden. Die folgende Fragerunde wird von der zuerst befragten Person geleitet.
- Plakatwand gestalten: Aus Fernsehzeitschriften die Programmankündigungen von Liebesfilmen heraussuchen. Diese auf die Plakatwand kleben und ein treffendes Stichwort dazu notieren.

»Wovon ich träume« thematisiert die Suche nach einem Partner bzw. einer Partnerin und hat primär Anregungscharakter. Im Gespräch über die möglichen Formen dieser Suche (Zeitungsinserat, Horoskop, Computer ...) sollen die darin verborgenen Wünsche und Sehnsüchte, aber auch die Unsicherheiten bei der Wahl eines Partners oder einer Partnerin besprochen werden. Wichtig ist, dass die Jugendlichen Raum erhalten, sich ihre eigenen Erwartungen bewusst zu machen.

- die Wortvorgaben mit einem Partner oder einer Partnerin ergänzen bzw. umschreiben
- aus Illustrierten den Traummann, die Traumfrau suchen und auf ein Plakat kleben
- die Eigenschaften, die der Traummann / die Traumfrau haben soll, sammeln und auf Karteikarten festhalten; anschließend eine Versteigerung der Werte veranstalten
- ein eigenes Inserat entwerfen
- von Büchern und Filmen berichten, die sich mit der Liebe beschäftigen und sie bewerten
- das erste Rendezvous als Rollenspiel darstellen.

Die Erzählung **»Meine rosarote erste Liebe«** drückt die Phase einer Liebesbeziehung aus, in der alles verzaubert scheint. Die Welt verändert sich. Es werden bisher unbekannte Gefühle wahrgenommen. Für die Betroffenen ist dies ein unwahrscheinlich schönes Glückserlebnis. Die Verfasserin beschreibt solche Erfahrungen auf sehr behutsame Weise, mit leisen Tönen und in anschaulichen Bildern. Wiederum ist zu bedenken, dass weibliche und männliche Jugendliche hier unterschiedliche Wahrnehmung und Ausdrucksweisen haben können.

- die beschriebenen Erfahrungen zusammenstellen und besprechen, ob es sich hier um einen Einzelfall handelt oder um Erfahrungen der ersten Liebe, die allgemein gültig sind
- die Art und Weise der Darstellung dieser Erfahrungen thematisieren
- Verliebtsein in Bildern oder Farben darstellen
- Liebespostkarten gestalten
- Liebesgedichte und Liebesgeschichten schreiben
- Phantasiereisen entwerfen
- Musik oder Gegenstände mitbringen, die an Verliebtsein erinnern
- sich einen Partner oder eine Partnerin suchen und sich gegenseitig erzählen: Woran ich mich gern erinnere, wenn ich an Verliebtsein denke; in der Gruppe besprechen, ob es leicht fiel, darüber zu reden, was aufgefallen ist ...

Unter der Überschrift **»Das halte ich nicht aus«** kommen Enttäuschungen zur Sprache, von denen auch das Erleben der Liebe nicht ausgeschlossen ist. Verliebtsein ist ein »Ausnahmezustand« und beinhaltet ein absolutes Gefühlshoch – so ist es nicht verwunderlich, dass Enttäuschung umso tiefer fallen lässt. Es ist jedoch hilfreich, diese Enttäuschungserfahrung zu analysieren um herauszufinden, woher die tiefe Verletzung rührt, die durch das Ende einer Beziehung herbeigeführt wird. Zum einen kann der erlittene Verlust die Ursache sein, zum anderen macht das angeschlagene Selbstwertgefühl zu schaffen. Dazu kann die Erkenntnis treten, dass man sich ein unzutreffendes Bild von dem oder der anderen gemacht hat. Darüber hinaus wird explizit die körperliche Dimension der Sexualität thematisiert, die gerade für Jugendliche oft mit Beziehungsproblemen verknüpft ist. Ebenfalls ist der Bereich der Homosexualität angesprochen. In der Beschäftigung mit dieser Form von Sexualität sollen die Jugendlichen dafür sensibel werden, dass Menschen unterschiedlich fühlen, denken und handeln. So können sie lernen, Vorurteile zu erkennen und abzubauen.

- Gründe für das Zerbrechen der Liebe suchen und überlegen, worin der Schmerz darüber besteht (Untreue, Einsamkeit, Verlassenwerden, sich gegenseitig einengen, nicht akzeptieren, wie sie / er ist, andere Hobbys, unterschiedlicher Freundeskreis usw.)
- die Briefe beantworten
- selbst Problembriefe formulieren und der Lerngruppe zur Beantwortung vorlegen
- geschlechtsspezifische Rollenerwartungen in einer Beziehung darstellen und reflektieren.

Das Interview unter der Rubrik **»Ich liebe dich!«** drückt die Phase des Miteinanders aus, das sich dann entwickelt, wenn zwei Menschen ein Stück ihres Weges gemeinsam gegangen sind. Ihre Beziehung kennt bereits Höhen und Tiefen. Sie haben etwas dafür getan, dass ein Zusammenbleiben möglich wurde. »Ich liebe dich« heißt, mit ganzem Herzen zum / zur anderen Ja zu sagen und seine / ihre Persönlichkeit zu akzeptieren und zu schätzen. Dennoch: Obwohl man einander kennt und vertraut, bleibt die Liebe ein Wagnis, eine Herausforderung und eine Aufgabe, an der immer weiterzuarbeiten ist. All dies lässt sich nicht erzwingen, denn Liebe muss »langsam wachsen«.

- über die Ansprüche nachdenken, die Jugendliche an sich und den Partner oder die Partnerin stellen; die Aussagen der Texte als Anregung nutzen
- Liebesgebote zum Gelingen der Liebe formulieren (z.B.: Lass deine Partnerin sie selbst sein. Versuche nicht, sie zu verändern. Bemühe dich darum, sie zu verstehen. Dränge deinen Partner nicht zu etwas, was nur du unbedingt möchtest. Achte das, was ihm wichtig ist.)
- Wege der Liebe zeichnen.

Hinter dem Text **»Und ihn habe ich einmal geliebt«** verbirgt sich die Gestalt der biblischen Michal, Tochter des Königs Saul und erste Ehefrau König Davids. Nur von dieser Frau erzählt die Bibel, dass sie in ihren Mann verliebt war; es ist davon auszugehen, dass die Heirat mit dem Söldner David – zumindest aus ihrer Wahrnehmung – eine Liebesheirat war. Allerdings besteht das Schicksal Michals darin, dass sie zum Spielball ihres psychisch kranken Vaters und ihres machtgierigen Mannes wird. Die Auseinandersetzung mit diesem »Fall« kann den Schülerinnen und Schülern verdeutlichen, dass und wie Liebe »blind« machen kann. Dies beinhaltet zugleich, dass Liebende immer auch der Gefahr ausgesetzt sind, dass mit ihrer Liebe gespielt wird und sie selbst ausgenutzt werden. Auch heute noch gibt es das Phänomen, dass Menschen – vornehmlich Frauen – »zu sehr lieben« und sich Liebe in Einsamkeit und Bitterkeit wandelt. Damit dies nicht geschieht, ist es notwendig, das eigene Handeln und auch die Liebe stets verantworten zu können – gegenüber der eigenen Person wie gegenüber der geliebten / liebenden Person. Nicht alles, was im Namen der Liebe geschieht, lässt sich verantworten!

- den Weg der Liebe der Erzählerin beschreiben
- darüber sprechen, wann, wo und unter welchen Voraussetzungen sich das Erzählte ereignen könnte
- die angegebenen Schriftstellen lesen; mit dem bis dahin Erarbeiteten in Beziehung setzen
- einen Brief an Michal oder an David schreiben
- sich mit der Liebesgeschichte weiterer biblischer Paare auseinander setzen (Abraham und Sara; Isaak und Rebekka; David und Batseba).

Der Text **»Auch in zehn Jahren noch«** greift nochmals die Phase des Wachsens und Gestaltens der Liebe auf. Er ist hoffnungsfroh und regt dazu an, sich selbst Gedanken darüber zu machen, was in der eigenen Liebesbeziehung auch in zehn Jahren noch möglich sein sollte.

Wissenswertes Wissenswertes Wissenswertes

Agape
Diese Form der Liebe soll das Verhältnis der Menschen untereinander bestimmen. Agape meint die christliche Nächstenliebe.
Paulus umschreibt sie mit folgenden Worten:
»Wenn ich die Sprache der Menschen und der Engel redete, hätte aber die Liebe nicht, wäre ich dröhnendes Erz oder eine lärmende Pauke. Und wenn ich alle Glaubenskraft besäße und Berge damit versetzen könnte, hätte aber die Liebe nicht, nützte es mir nichts. Und wenn ich meine ganze Habe verschenkte, und wenn ich meinen Leib dem Feuer übergäbe, hätte aber die Liebe nicht, nützte es mir nichts. Die Liebe ist langmütig, die Liebe ist gütig. Sie ereifert sich nicht, sie prahlt nicht, sie bläht sich nicht auf.« (vgl. 1 Kor 13)

Erotik
Unter Erotik wird das liebende Gefühl verstanden, das auf das Liebenswerte im Gegenüber gerichtet ist.
In der hebräischen Bibel wird die erotische Liebe zwischen Mann und Frau ganz unbefangen beschrieben. Ihr schönster Ausdruck findet sich im Hohenlied der Liebe.

Hoheslied
Dieses Buch des Ersten Testaments beinhaltet eine Sammlung von Liebesgedichten und -liedern, die vom Verliebtsein und von der Liebe zur Partnerin und zum Partner handeln. Die Liebenden besingen sich gegenseitig im Wechsel, wobei einmal der Mann und einmal die Frau die Initiative ergreift. Die Lieder beinhalten viele Bilder und Metaphern, mit denen die Faszination und Anziehungskraft des und der Geliebten umschrieben wird. Diese Liedsammlung bringt jedoch auch zum Ausdruck, dass die Liebe zwischen den Menschen Teil der guten Schöpfung Gottes ist.
In der kirchlichen Tradition hat das Hohelied eine weitere Bedeutung erhalten: Es gilt als Sinnbild für die Liebe Gottes zu den Menschen und die Liebe Jesu Christi zur Kirche.

Homosexualität
Mit dem Begriff der Homosexualität wird die gleichgeschlechtliche sexuelle Beziehung bezeichnet. Sie ist bei ca. 5 % der Bevölkerung zu finden. Die Bibel enthält grundsätzlich kritische Bemerkungen zur Homosexualität, wohl auch um sich gegenüber den Religionen der Umwelt abzugrenzen. In der christlichen Theologie ist umstritten, ob Homosexualität als »Fehlform« oder als eine mögliche Lebensform zu verstehen ist.
Kirchliche Segnungsfeiern für gleichgeschlechtliche Paare erregen zuweilen Aufsehen. Mit ihnen soll zum Ausdruck gebracht werden, dass auch homosexuell veranlagte Menschen des geistlichen Zuspruchs bedürfen.

Liebe
Hinter diesem Wort verbirgt sich eine Vielfalt von Nuancen und Bedeutungen. Es kann darunter verstanden werden: Gottesliebe, Nächstenliebe, Erotik und Geschlechtsverkehr. Falsch wäre es jedoch, diese Bedeutungen voneinander zu trennen; das, was mit den jeweiligen Formen beschrieben ist, hat miteinander zu tun. Fürsorge, Mitleid, Sympathie, Zärtlichkeit, Sehnsucht nach einem Du, körperliche Lust und ganz für eine andere Person da sein – all das und viel mehr ist Ausdruck menschlicher Liebesfähigkeit.

Sexualität
oder »Geschlechtlichkeit« bezieht sich auf alles körper- und sinnenhafte Erleben und Handeln des Menschen und zwischen Menschen, das dadurch geprägt ist, dass es weibliche und männliche Menschen gibt. »Sexualität« ist also nicht auf den genitalen Bereich und auf die Fortpflanzung beschränkt. Dies betont auch die Gemeinsame Synode der Bistümer in der BRD: »Die Sexualität bestimmt die ganze Existenz des Menschen, sie prägt sein Mann-Sein und sein Frau-Sein. Die Sexualität vermittelt dem Menschen existenzielle Grunderfahrungen:
- In der *Selbstbestätigung* und in der *Bestätigung* durch den Partner / die Partnerin, durch die Zuweisung von sozialen Rollen und durch die Förderung der personalen Entwicklung;
- Im Erleben der *Lust*;
- In der *Liebe* zum / zur Partnerin, im Angenommensein durch den Partner / die Partnerin und in den sexuellen Ausdrucksformen dieser Liebe;
- In Zeugung und Erziehung des Kindes, im Geprägtwerden durch das *Kind* und durch die Selbsterfahrung im Vater- und Muttersein.«

Auch in zehn Jahren noch

Auch in zehn Jahren
möchte ich noch verrückt sein können mit dir:
mitten in der Nacht aufstehen
und am Strand entlanglaufen;
eine Riesentüte Popcorn kaufen
und bei einem kitschigen Film
am Fernseher verzehren;
im Bett frühstücken
mittags um zwölf
und einfach nicht an die Tür gehen,
wenn es gerade dann klingelt;
aus der Mundorgel Lieder singen,
die wir schon fast vergessen haben,
wie zum Beispiel
»Ick heff mol en Hamburg een Veermaster sehn«
oder
»Es lebt der Eisbär in Sibirien«;
ich möchte auch dann noch ab und zu
Geld für dich ausgeben
wie in der Zeit unserer ersten Liebe,
ohne viel zu überlegen
und »mir meiner Verantwortung bewusst zu sein«;
ich möchte auch dann noch
kopflos sein können,
wenn ich dich ansehe;
ich möchte mich beim Spazierengehen
auch dann noch hinter Büschen verstecken
und dich erschrecken, wenn du vorbeikommst;
unter freiem Himmel liegen,
die Sternschnuppen zählen
und dabei einschlafen;
auch in zehn Jahren
möchte ich noch Verbotenes denken wollen;
ich möchte mit dir Tage auf den Kopf stellen
und mich nicht an die Regeln halten,
die uns bieder und bürgerlich machen;
ich möchte nicht langsam einrosten
und sauer werden
und mich auf meine Rente vorbereiten;
ich möchte mir den Luxus des inneren Jungseins
gerade beim Älterwerden erlauben;
ich möchte auch dann noch neue Kosenamen
für dich finden,
auch solche, die man besser
nicht unter Leuten sagt;
ich möchte mit dir in Bewegung bleiben,
Erneuerung und Wachstum erleben.
Machst du mit?
Wenn wir schon jetzt
diese Art Zukunft anstreben
werden wir eine bessere Chance haben,
sie einmal so zu leben.

Ulrich Schaffer

Gott?

mächtig sein –
ohnmächtig sein

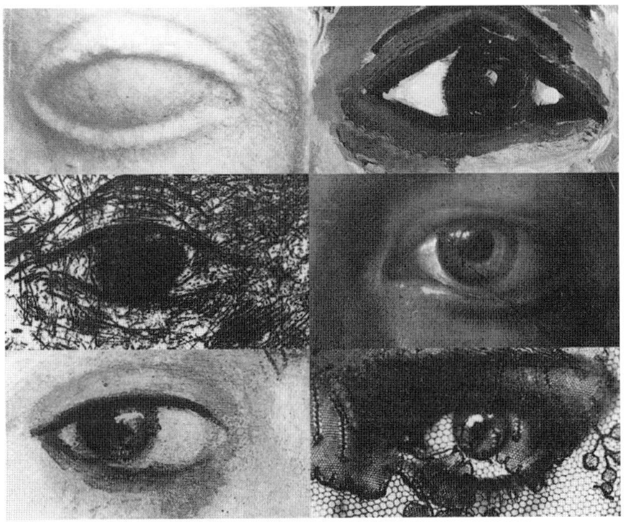

Leitmotiv

SICH VERGEWISSERN		
Anfrage	Suche	Glaube

Intentionen

- nach dem (eigenen) Gottesbild fragen und entdecken, dass es immer im Wandel begriffen ist
- das Wagnis eingehen und bereit sein, sich auf die Suche nach Gott zu begeben
- im Glauben Gewissheit erlangen, dass Gott immer der Andere ist

Worum es geht

Im Laufe der Menschheitsgeschichte und in allen Religionen waren und sind Gottesbilder und -vorstellungen stets im Wandel begriffen. Auch die Menschen der Bibel versuchten, sich ein Bild vom Göttlichen zu machen. Sie brachten aber ebenso zum Ausdruck, dass Gott ihnen bei ihrer Suche entgegenkommt, und sich auf die unterschiedlichste Art zu erkennen gibt. Im Ersten Testament hat daher das Bild des den Menschen nahen Gottes, der sich als »Ich mit dir« erweist, eine zentrale Stellung. Es findet seinen Niederschlag im – unaussprechlichen – Tetragramm. Das Zweite Testament stellt die Kunde vom menschenfreundlichen und menschgewordenen Gott in Jesus Christus in den Mittelpunkt; sie beinhaltet die Botschaft von der Liebe Gottes. Die Suche nach Gott wird sich daher immer in der Spannung zwischen der Erfahrung, dass Gott menschlich nah ist, und der Erkenntnis, dass Gott letztlich unsagbar bleibt, ereignen.
Auch im Verlauf des Lebens eines einzelnen Menschen wandelt sich das Gottesbild. Entwicklungsbedingt und durch lebensweltliche Einflüsse geprägt, verändert sich die Gottesvorstellung und Beziehung zum Göttlichen in der persönlichen Lebens- und Glaubensgeschichte immer wieder. Gerade im Jugendalter ist dieser Prozess mit Krisenerfahrungen verbunden: Die Jugendlichen sind – soweit sie die Frage nach Gott stellen – nicht mehr mit den Antworten und Vorstellungen der Kindheit zufrieden. Damit geraten auch die »traditionellen« Gottesbilder in eine Krise, verlieren an Glaubwürdigkeit und Kraft. Oftmals wird dabei jedoch nicht erkannt oder nicht deutlich genug vermittelt, dass mit der Veränderung von Gottesbildern nicht Gott an sich in Frage gestellt wird.
Biblisch-christlicher Glaube geht davon aus, dass Gott immer mit dem Menschen auf dem Weg ist und mit jeder und jedem eine persönliche Geschichte hat. Diese je einmalige Lebens- und Liebesgeschichte Gottes mit dem Menschen ist Teil der Geschichte Gottes mit der Gemeinschaft der Glaubenden, die alle individuellen Glaubensgeschichten übersteigt und einen Annäherungswert an das beinhaltet, was wir Gott nennen. Die Schülerinnen und Schüler sollen sich diese Aspekte und Zusammenhänge bewusst machen, und so die Möglichkeit entdecken, dass auch in ihrer Geschichte mit Gott Entwicklung und Veränderung möglich und notwendig ist.

Gott

Eigentlich glaube ich an Gott. Aber seit ein guter Freund gestorben ist, habe ich doch Zweifel. Und wie soll ich Krieg, Leid, Hunger und Gewalt in der Welt verstehen? Sind das nicht gute Gründe gegen den Glauben an Gott? Aber an irgendetwas will ich mich in dieser Sch...welt halten können – auch wenn es Zweifel gibt.

Edi, 17 Jahre

Gott

Gott ist unbegreiflich und überall. Er ist auch in mir und gibt mir Kraft. Er ist ein Teil des Lebens. Er ist in der Natur zu finden. Das begeistert mich.

Maria, 15 Jahre

Gott

Was die Kirche so alles erzählt, ist Schwachsinn. Ich kann das nicht glauben. Ich glaube an mich.

Marie, 16 Jahre

Gott

Gott sei Dank gibt es nicht, was 60 bis 80 Prozent der Zeitgenossen sich unter Gott vorstellen.

Karl Rahner, Theologe

Gott

Die Naturwissenschaften haben es bewiesen, dass sich die Menschen und Tiere in Jahrmillionen selbst entwickelt haben. Auch die Erde ist von allein entstanden. Gott hat damit nichts zu tun.

Jürgen, 16 Jahre

Gott

Gott

Für mich symbolisiert das Göttliche das Ganze, von dem wir ein Teil sind. Dieses Ganze ist der Himmel und die Erde, der Boden, auf dem ich stehe, und all die Tiere, Pflanzen und so genannten unbeseelten Dinge, zu denen wir in Beziehung stehen.

Carol P. Christ, Theologin

Ich denke, dass unsere Welt mit ihrem gigantischen Aufbau der Natur von einem Schöpfer herkommen muss. Ich bin daher der Ansicht, dass es Gott gibt. Ich glaube nicht nur deshalb, weil es mir als Kind so vermittelt wurde.

Andreas, 16 Jahre

Es ist mir egal, ob es Gott gibt oder nicht. Ich bin sowieso nicht gläubig.

Petra, 17 Jahre

Ich glaube an ein höheres Wesen, das wir uns nicht vorstellen können und das wir auch nicht benennen können.

Barbara, 16 Jahre

Ich glaube an Gott. Irgendjemand muss uns doch erschaffen haben! Und es gibt viele Leute, die glauben – die können sich doch nicht irren.

Katharina, 15 Jahre

Unterbrich mich nicht – ich bete!

Betende Person: Vater unser im Himmel
Gott: Ja?
Unterbrich mich nicht! Ich bete!
Aber du hast mich doch angesprochen!
Ich dich angesprochen? Äh ... nein, eigentlich nicht. Das beten wir eben so: Vater unser im Himmel!
Da, schon wieder! Du rufst mich an, um ein Gespräch zu beginnen. Also, worum geht's?
Geheiligt werde dein Name ...
Meinst du das ernst?
Was soll ich ernst meinen?
Dass du meinen Namen heiligen willst. Was bedeutet denn das?
Es bedeutet ... es bedeutet ... meine Güte, ich weiß nicht, was es bedeutet. Woher soll ich denn das wissen?
Es heißt, dass du mich ehren willst, dass ich dir einzigartig wichtig bin, dass dir mein Name wertvoll ist.
Aha, hm, das verstehe ich. Dein Reich komme, dein Wille geschehe, wie im Himmel so auf Erden ...
Willst du das wirklich?
Dass dein Wille geschieht? Natürlich! Ich gehe regelmäßig zum Gottesdienst und spende für Kinder in der Dritten Welt.
Ich will mehr: Dass dein Leben in Ordnung kommt, dass du von anderen her und für andere denken lernst. Dass allen Menschen geholfen wird und sie die Wahrheit erkennen, auch deine Freunde und Freundinnen. Ich will, dass Kranke geheilt, Hungernde ernährt, Trauernde getröstet und Gefangene befreit werden. Denn alles, was du diesen Leuten tust, tust du dann für mich.
Warum hältst du das ausgerechnet mir vor? Was meinst du, wie viel stinkreiche Heuchler in den Kirchen sitzen? Schau die doch an!
Entschuldige, ich dachte, du betest wirklich darum, dass mein Reich kommt und mein Wille geschieht. Das fängt nämlich bei der Person an, die darum bittet.
Das leuchtet mir ein. Kann ich jetzt weiterbeten? – Unser tägliches Brot gib uns heute ...
Deine Bitte beinhaltet die Verpflichtung, etwas dafür zu tun, dass die Hungernden in dieser Welt ihr tägliches Brot bekommen.
Und vergib uns unsere Schuld, wie auch wir vergeben unseren Schuldigern ...
Und Heinz?
Jetzt fang auch noch von dem an! Du weißt doch, dass er mich öffentlich blamiert, dass er mir jedes Mal so gegenübertritt, dass ich schon wütend bin, bevor er seine herablassenden Bemerkungen äußert. Das weiß er auch! Er nimmt mich einfach nicht ernst, dieser Typ hat ...
Ich weiß! Ich weiß! Und dein Gebet?
Ich meine es nicht so!
Du bist wenigstens ehrlich. Macht es dir eigentlich Spaß, mit so viel Bitterkeit und Abneigung im Bauch herumzulaufen?
Es macht mich ganz krank.
Ich will dich heilen. Vergib ihm doch. Sicher verlierst du ein Stück Ansehen. Aber es wird dir Frieden ins Herz bringen.
Hm, ich weiß nicht, ob ich mich dazu überwinden kann.
Und führe uns nicht in Versuchung, sondern erlöse uns von dem Bösen ...
Nichts lieber als das. Meide Personen und Situationen durch die du versucht wirst.
Wie meinst du das?
Du kennst doch deine schwachen Punkte: Oberflächlichkeit, Trägheit, rücksichtsloses Verhalten, Stolz, Neid. Gib der Versuchung keine Chance.
Ich glaube, dies ist das schwierigste Vaterunser, das ich je gebetet habe. Aber es hat zum ersten Mal etwas mit meinem alltäglichen Leben zu tun.

Lieber Gott?

Man sagte mir. Gott lässt nur das Leid zu, das du tragen kannst. Man sagte mir, Gott weiß, was richtig ist. Man sagte mir, Leiden gehört zum Leben.
Deine Hände haben mich gemacht; dann hast du dich umgedreht und mich vernichtet. (Ijob 10,8)
Ich rufe zu Gott. Ich schreie. Ich rufe zu Gott, bis er mich hört. (Ps 77,1)
Hilf mir, o Gott, das Wasser reicht mir bis zur Kehle! (Ps 69,1)
Ich kann dich nicht verstehen, lieber Gott, du schickst das Leid in die Welt!
Mein Gott, mein Gott, warum hast du mich verlassen? (Ps 22,1)
»Mein Gott«, schrie er. »Nimm sie mir nicht. Du weißt, ich kann sie nicht ent-behren.«
Du schickst das Leid, um mich zu prüfen.
Sie ist tot, ich lebe! Wofür soll ich noch leben? Mein Gott, warum antwortest du nicht?
Gott, meine Stärke, eil mir zu Hilfe! (Ps 22,20)

Gott
ist mächtig.
Er kann Wege aus der
Ausweglosigkeit weisen;
er kann das dunkle Gestern
in ein helles Morgen
verwandeln. (Martin L. King)

In tausend Bildern
möchte ich von
DIR, Gott,
schweigen können.
(Ute Wild, Theologin)

In Jesus ist die Güte
und Menschenfreundlichkeit
Gottes erschienen

Du kannst
mein Angesicht
nicht sehen;
denn kein
Mensch
kann mich
sehen und
am Leben
bleiben.
(Ex 33,20)

יהוה

Du bist die Quelle
des Lebens
(Ps 36,10)

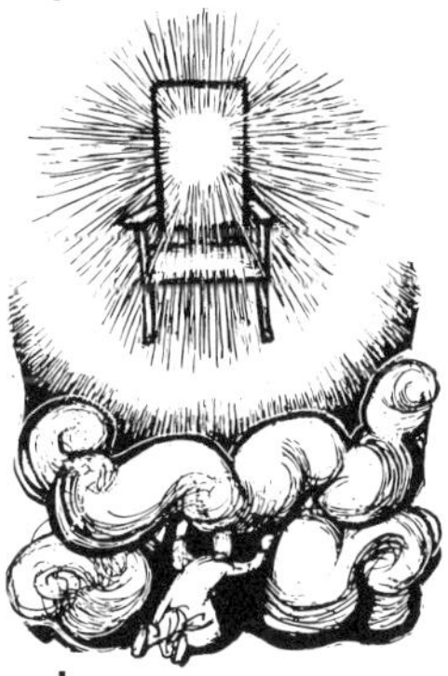

Liebe

Du bist Licht über meinem Weg

Niemand
hat Gott je
gesehen. Der Einzige,
der Gott ist und am Herzen
des Vaters ruht, er hat Kunde gebracht.
(Joh 1,18)

Kann
eine Frau
ihr Kind vergessen? Und selbst
wenn sie es vergessen würde: ich
vergesse dich nicht. (Jes 49,15)

Dreifaltig

Erläuterungen und methodische Anregungen

Als Titelbild wurde das Plakat **»Kunst öffnet die Augen«** gewählt, auf dem acht unterschiedliche Augen angeordnet sind. In Sprache und Metaphorik ist das physische Auge zugleich Sinnbild des inneren, geistigen Auges und wird vielfach auch als »Spiegel der Seele« bezeichnet. Religionsgeschichtlich betrachtet ist das Auge schon immer Symbol der Gottheit. Nach biblischer Tradition ist es Symbol der Allwissenheit, Wachsamkeit und Fürsorge Gottes. Das Zweite Testament erzählt von Blindenheilungen, die zu einer neuen Sicht führen: Jesus von Nazareth wird als der von Gott Gesandte erkannt.

- die dargestellten Augen auf ihre »Sehfähigkeit« überprüfen
- den Unterschied zwischen physischem und geistigem Auge beschreiben
- Redewendungen zu »Auge«, »sehen« und »schauen« sammeln
- Darstellungen des Auges als Symbol des Göttlichen suchen.

Ins Auge fällt die Gestaltung des Wortes **»Gott«**. Gott – für die einen ein fester Bestandteil ihres Lebens, für die anderen ein schwer zu beschreibendes Phänomen, dessen Existenz kaum noch zu erahnen ist. Das Wort »Gott« ist nur noch als Chiffre vorhanden, hat seine Bedeutung verloren. Dies kann Verlust bedeuten, aber auch eine neue Gottsuche ermöglichen. Das einst Unbefragte erhält neue Facetten, wird von neuen Standorten gesehen.
Die wiedergegebenen Sichtweisen des Themas »Gott« sind vielfältig und unterschiedlich. Sie reichen von bekenntnishaften Formulierungen über vage Versuche, sich mit der Existenz Gottes auseinander zu setzen, bis zur Ablehnung und Verneinung des Göttlichen.

- ein Meinungsbarometer der Klasse anfertigen: Welche Meinungen liegen im Trend?
- nach Begründung und Stichhaltigkeit der Aussagen fragen
- das Wort »Gott« so gestalten, wie es der momentanen Einstellung zu Gott entspricht
- unter Mitschülerinnen und -schülern anderer Klassen eine Umfrage zu deren Einstellung zu Gott durchführen und die Ergebnisse präsentieren
- die Schülerinnen und Schüler zeichnen ihren bisherigen Lebensweg (Lebensgeschichte) auf einem Zeichenblatt (DIN A3) und markieren mit einem Wollfaden, wie sie Gott auf diesem Weg erfahren haben (hat er ihren Weg begleitet, gekreuzt, gemieden ...). Dieses Blatt kann im Lauf der UE durch weitere Plakate ergänzt werden (Wandzeitung)
- Alternativ: Vier große Plakate anfertigen, auf denen jeweils ein Buchstabe des Wortes »GOTT« im Lauf der UE gestaltet wird. Dazu auf farbige Notizzettel schreiben: A) was Gott für mich ist; B) Aussagen von jüngeren Kindern, Eltern, Großeltern und ggf. Lehrkräften der Schule (Ergebnis entsprechender Umfrage); C) Aussagen der Bibel, evtl. auch anderer Religionen. Auf diese Weise wird im Verlauf der UE die legitime (!) Vielfalt von Gottesvorstellungen sichtbar.

Der Text **»Unterbrich mich nicht – ich bete«** setzt den Glauben an ein personales Gegenüber voraus und fordert die Schülerinnen und Schüler entsprechend heraus. Er verdeutlicht, dass ein Gespräch mit Gott die Möglichkeit bietet, das eigene Denken und Handeln zu hinterfragen. Darüber hinaus vermittelt er, dass Gott den Menschen und sein Gebet ernst nimmt. Der Text ist geeignet, die eigene Gebetspraxis zu reflektieren bzw. die Sinnhaftigkeit des Betens zu bedenken. Am Ende des Textes kommt die Meinung vieler Jugendlicher zum Ausdruck: Gebet kann dann hilfreich sein, wenn es Bezüge zum alltäglichen Leben aufweist. Die kritischen Anfragen (Gottes) können ein Ansatzpunkt sein, mit Jugendlichen über andere – als bisher gewohnte – Sichtweisen Gottes nachzudenken.

- Gebete (Gotteslob; Schulgebetsammlungen usw.) auf ihr Gottesbild hin untersuchen
- Gottesbilder und -vorstellungen von Liedern untersuchen
- im Text markieren oder aus dem Text herausschreiben, was Gott von sich selbst sagt
- Texte oder Bilder suchen, die diesen Aussagen entsprechen.

Das **durchkreuzte Gottesbild** symbolisiert die Frage nach dem Verhältnis von Gott und Leid (im eigenen Leben, in der Welt). Gerade für Jugendliche ist die Theodizeefrage drängend: Ist Gott tatsächlich ein »lieber« Gott? Oder gilt nicht vielmehr die Erfahrung, dass Gott Lebenspläne durchkreuzt, Hoffnungen zunichte macht und auf die Hilferufe nicht antwortet? Entsprechend bekannt ist die Frage Beckmanns in Wolfgang Borcherts Stück »Draußen vor der Tür«: »Wo warst du, Gott, als ...?« Aussagen heutiger und biblischer Menschen verdeutlichen unterschiedliche Haltungen; allen aber ist gemeinsam, dass der Dialog mit Gott nicht abgebrochen wurde.

- zu den einzelnen Aussagen Fotos und Bilder suchen und das Wort »Gott« damit gestalten.

Der mit Aussagen über Gott gestaltete **Rahmen** umgibt das Tetragramm, den aus vier Buchstaben (YHWH) bestehenden Eigennamen Gottes im Ersten Testament. Der Name Jahwe kommt dort 6828-mal vor, tritt jedoch im nachexilischen Judentum immer mehr zurück, bis er vollständig verschwindet bzw. durch 'adonaj und Kyrios ersetzt wird. Das Verbot der Aussprache des Gottesnamens geht auf die zunehmende Betonung der Exklusivität Jahwes zurück. Jesus (d.h. Jahwe ist Rettung) von Nazareth nimmt in seiner Botschaft das Bild des zugleich allmächtigen und liebenden Gottes auf und vertieft es. Die den Rahmen füllenden und ihn teilweise durchbrechenden Aussagen wollen verdeutlichen, dass alle Versuche, Gott in einem Rahmen festzulegen, das Wesen Gottes verfehlen. Darauf machen gerade die biblischen Gottesbilder aufmerksam; sie spiegeln Erfahrungen mit Gott in einer zumeist nicht realisierten Vielfalt. Letztlich geht es darum, sich im Reden über und zu Gott immer neuer Bilder zu bedienen und das Göttliche nicht »festzunageln«.

- Anhand der Bibelstellen Aussagen über Gott zusammenstellen; die am meisten zusagende Aussage in Farben gestalten: Geborgenheit (Ps 57,2; 63,8) – Freude (Ps 43,4) – Hilfe (Ps 62,2; 124,8) – Hirte (Ps 23,1; Joh 10,11) – Güte (Ps 25,8; Lk 15,11) – Fels (Ps 18,3) – Hand (Weish 3,1; Apg 11,21) – Licht (Ps 27,1; 119, 105; 1 Joh 1,5) – vertrauter Freund (Jer 3,4) – Mutter (Jes 49,15; 66,13) – Barmherzigkeit, Mitleid (Ps 31,22; 85,15; 106,44f.; Lk 1,54; Lk 15) – Nahrung (Ps 65,5; 36,8f.) – Flügel (Ps 17,8; 57,2b; 91,4)
- Plakat »Gott mit anderen Augen sehen« gestalten.

Die christliche Lehre von der **Dreifaltigkeit** Gottes hat ihre Voraussetzung in der außerbiblischen Religionsgeschichte und in biblischen Überlieferung. Die Dreizahl in der Bibel ist (wie in vielen Kulturen der Vergangenheit und Gegenwart) metaphorischer Ausdruck einer höheren Einheit sowie des Gefülltseins. Im Zweiten Testament findet sich die formelhafte Aussage von Gott dem Vater, dem Herrn Jesus Christus und dem Heiligen Geist (vgl. 1 Kor 12,4-6; 3 Kor 13,13) als Erweiterung der Rede von Vatergott und Jesus dem Christus (vgl. Röm 1,7 und Phil 2,11). In ihr kommen die drei Dimensionen der Gottesnähe zum Ausdruck. Überdies ist mit diesem Bild das Geheimnis Gottes ausgesagt: Gott ist Alles und Eins, das Höchste und das Innerste, Anfang und Ende. Zahlreiche Werke der bildenden Kunst haben das Thema der Dreifaltigkeit dargestellt. Eines der bekanntesten ist die Ikone von Andrej Rublew; es verknüpft dieses Motiv mit der Begegnung Abrahams mit Gott im Besuch der drei Männer. Die hier gewählte Darstellung der Dreifaltigkeit, ein Fresko aus dem 14. Jahrhundert, zeigt Vater und Sohn in der gewohnten Weise; Gottes Geist trägt dagegen eindeutig weibliche Züge. Sie versteht Gottes Geist – die ruach – der ersttestamentlichen Tradition entsprechend weiblich. Die durchaus vorhandenen weiblichen Gottesbilder sind im Verlauf der Theologiegeschichte in Vergessenheit geraten, werden heute aber wieder neu entdeckt. Die Schülerinnen und Schüler sollen darauf aufmerksam werden, dass die Rede von Gott auch Abbild herrschender Vorstellungen im Wandel der Geschichte ist.

- Begriffe suchen, die nach Meinung der Jugendlichen »weiblich« sind und damit ein »Bild Gottes« schreiben
- überlegen, was es bedeuten würde, wenn weibliche Gottesbilder wieder mehr ins Bewusstsein kämen.

Das **Mandala** auf S. 46 dient zur meditativen Vertiefung des Erarbeiteten. Mitte dieses Mandalas ist der Davidsstern, ein Symbol des Judentums. Die jüdische Tradition bringt dem Namen Gottes so viel Ehrfucht und Respekt entgegen, dass sie nicht wagt ihn auszusprechen. Vielleicht kann auf meditiative Weise ein Zugang zur Unverfügbarkeit Gottes, der sich als »Ich mit dir« erweist, erreicht werden.

Wissenswertes Wissenswertes Wissenswertes

Ohne Gottesbilder geht es nicht

Gott sei Dank gibt es das, was sich viele heutige Menschen unter Gott vorstellen nicht. Diese Äußerung Karl Rahners geht darauf ein, dass Gottesbilder aus den Wünschen und Bedürfnissen der Menschen entstehen. Sehnsüchte und Erwartungen, Enttäuschungen und Ängste formen das Bild vom unsichtbaren Göttlichen. Gott ist in den Vorstellungen der Menschen Richter oder Herr, Vater oder Mutter, Schöpfer oder Vernichter des Lebens. Gott wird als Person gedacht und zeigt bestimmte Verhaltensweisen: Ist gütig und voller Liebe, zornig und streng, befiehlt und greift ein in das Geschehen der Welt, ist absolut unbeteiligt und überlässt Welt und Mensch ihrem Schicksal. Gott arbeitet mit Schuldspruch und Strafe und verheißt bei Wohlverhalten das ewige Leben.

All diese Gottesbilder sagen jedoch mehr über die Menschen aus, die sie prägen und benutzen, als über Gott. Die Religionskritik wurde – z.B. durch den Philosophen Feuerbach im 19. Jahrhundert – an diesen erdachten Gottesbildern festgemacht. Es stellt sich die Frage, ob mit ihnen tatsächlich der Beweis für die Nichtexistenz Gottes gegeben ist: Ist das Göttliche lediglich das Produkt menschlichen Denkens? Oder ist es nicht vielmehr so, dass der Mensch gar nicht umhin kann, sich ein Bild von Gott zu machen, weil er bzw. sie von Gott herkommt und auf Gott hin geschaffen ist?

Mit Vernunftargumenten ist dieser Streit nicht zu entscheiden. Es geht um Glauben – um die Risikobereitschaft des Menschen, über sich selbst hinaus zu steigen in das Geheimnis Gottes hinein.

Dies geht nicht ohne Gottesbilder; sie sind jedoch nicht beliebig.

Im kirchlichen Dogma wird Jesus aus Nazareth als Sohn Gottes bezeichnet. Er ist das »Bild von Gott« schlechthin. Dies glauben auch Christinnen und Christen am Ausgang des 20. Jahrhunderts. Doch wie lässt sich dieses Bild näher bestimmen? Immer wieder wird es neu umschrieben und kündet von der Kreativität und den Lebensumständen der Menschen. »Jesus Christ Superstar«, »Jesus, der neue Mann«, »Jesus, Schamane und Heiler« – nur einige Versuche, das »Bild von Gott« heute zu definieren. Wie lange werden sie gültig sein?

Jesus selbst hat in einfachen Bildern und Gleichnissen von Gott erzählt: Von Gottes Nähe und Fürsorglichkeit, von der Zärtlichkeit des »Abba«, von Gott als Hausfrau und Bäckerin. Jesus ist verstanden worden. Von denen, die ihm folgten und denen, die ihn wegen seiner Gottesbilder umbrachten.

Anliegen der feministischen Theologie

Die feministische Theologie macht darauf aufmerksam, dass traditionelle Gottesbilder männlich geprägt sind. Männer haben ihre Erfahrungen und Vorstellungen für Männer formuliert; Frauen galten lange Zeit als religiös unmündig. Daher hat sich ein männliches Gottesbild entwickelt, das die Stellung des Mannes in Gesellschaft und Religion stärkt(e). Gott – Mann – Frau: diese Hierarchie wird bereits in den Briefen des Zweiten Testaments festgelegt (vgl. z.B. Eph 5,21-24). Heute gelten männlich gedachte Vorstellungen von Gott als so selbstverständlich, dass andere nahezu undenkbar sind.

Allerdings geriet im Zuge dieser Entwicklung in Vergessenheit, dass sich in der Bibel auch weibliche Gottesbilder finden. Es ist davon die Rede, dass Jahwe wie eine Gebärende, eine Mutter oder eine Hebamme ist (vgl. Hos 11,1-4; Jes 42,13-17; Dtn 32.11.18; Jer 2,27; Jes 49,15; Jes 66,13). Darüber hinaus wird Jahwe mit weiblicher Bildsymbolik umschrieben (Baum; Lebensquell; vgl. Ps 36,10; 65,5; Ps 90,14). Auch wird unbefangen davon ausgegangen, dass Jahwe ein weiblich-göttliches Gegenstück hat. Dies ist zum einen die »Weisheit« (hebr. Hokma, griech. Sophia), die Mitschöpferin und Erhalterin der Welt ist und die Menschen befähigt, ihren Schöpfungsauftrag klug und liebevoll zu erfüllen (vgl. Weish). Zum anderen ist es die »Ruach« (griech. Pneuma; Geist Gottes), die göttliche Lebenskraft, aus der alles Leben kommt. Feministische Theologinnen betonen die Notwendigkeit, das einseitig männliche Denken und Reden von und zu Gott zu überwinden, aus zwei Gründen: Zum einen muss das Göttliche in einer Vielfalt von Bildern umschrieben und darf nicht einseitig gesehen werden – es umfasst Männliches, Weibliches und mehr. Zum anderen ist es für die religiöse Entwicklung und das religiöse Selbstverständnis von Mädchen und Frauen wichtig, ein weiblich-göttliches Gegenüber ansprechen zu können – auch Mädchen und Frauen sind Abbild des Göttlichen und haben daher ihren Wert und ihre Würde.

In die Mitte gehen – Gott schauen

Einander achten

fremd sein – vertraut werden

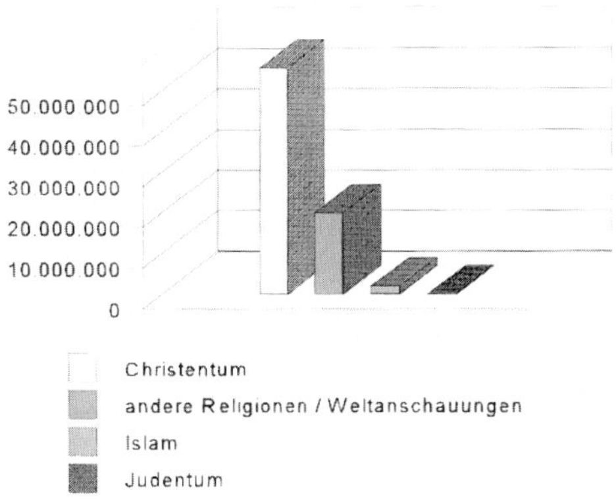

Verteilung der Religionen in Deutschland (Stand: 1994)

Leitmotiv

AUFEINANDER ZUGEHEN		
Dialog	Achtung	Ökumene

Intentionen

- aufgrund der Tatsache, dass Menschen ihr Leben unterschiedlich deuten, auf die eigene religiöse Identität aufmerksam werden
- wissen, dass der Glaube an den einen Gott das verbindende Element der monotheistischen Religionen ist und verstehen, dass darin ein Grund für die gegenseitige Achtung liegt
- die Notwendigkeit des interreligiösen Dialogs einsehen und erste Schritte zu einem Miteinander entwickeln

Worum es geht

Das Bild der bundesdeutschen Gesellschaft hat sich in letzten 30 Jahren stark verändert. Mit unterschiedlichster Motivation kommen Menschen aus fremden Ländern und Kulturen nach Deutschland, um hier zu leben. Ein Beispiel zur Illustration: Im Jahr 1994 wurden die Kindergärten in der Stadt Dortmund von Kindern aus 89 Nationen besucht.
Kamen in den 60er-Jahren Gastarbeiter zunächst aus Italien, Spanien und Portugal nach Deutschland, denen etwas später ihre Familien nachzogen, und die bereits in der zweiten und dritten Generation hier leben, so siedelten sich in den 80er-Jahren Menschen aus der Türkei und dem ehemaligen Jugoslawien an. Ein Großteil der aus der Mittel- und Osttürkei Stammenden gehört der islamischen Religion an. Seit Beginn der 90er-Jahre ist die Zahl der aus den östlichen Ländern Einwandernden angestiegen, die – weil deutschstämmig – hier Heimat suchen. Darüber hinaus ist ein Strom von Asylbewerberinnen und -bewerbern zu verzeichnen, die vornehmlich aus Ländern des mittleren und fernen Ostens (z.B. Pakistan, Afghanistan, Sri Lanka) oder auch aus Afrika (Nigeria) einreisen.
All diesen Menschen ist gemeinsam, dass sie ihre ganz persönliche Religion mitbringen. Dies führt dazu, dass die bundesdeutsche Gesellschaft mehr und mehr zu einer interreligiösen wird. Es finden sich unterschiedlichste kulturelle und religiöse Milieus, was die Begegnung der Menschen untereinander – speziell auch der Jugendlichen – erschwert. Dies wird verstärkt, wenn Jugendliche aufgrund ihrer Erziehung durch Abwehrhaltung gegenüber Fremdem und Vorurteile gegenüber Andersgläubigen geprägt sind. Daher soll den Schülerinnen und Schülern mit dieser Unterrichtsreihe vermittelt werden, dass alle Menschen der Glaube an Gott verbindet (vgl. Erklärung des II. Vatikanums: »Nostra aetate« Art. 1 und 2). Insbesondere wird in den Blick genommen, dass der Glaube an den einen Gott Angehörige des Judentums, Christentums und des Islam miteinander verbindet. So soll den Spuren dieser Religionen nachgegangen, Gemeinsames entdeckt, Trennendes akzeptiert und nach Wegen zur Ökumene in Achtung und Toleranz gesucht werden.

Leben aus dem Glauben an den einen Gott

Im Namen Allahs, des Erbarmers, des Barmherzigen! Lob sei Allah, dem Weltenherrn, dem Erbarmer, dem Barmherzigen! Dem König am Tag deines Gerichts! Dir dienen wir und zu dir rufen um Hilfe wir; leite uns auf den rechten Pfad, den Pfad derer, denen du gnädig bist, nicht derer, denen du zürnst, und nicht der Irrenden. (1. Sure des Koran)

Ich bezeuge, dass es keinen Gott außer dem einen gibt; ich bezeuge, dass Mohammed der Gesandte Gottes ist.

Das sind die ersten Worte, die einem Kind ins Ohr geflüstert werden, und die letzten, die ein Moslem im Sterben haucht.

Oh, der du glaubst, übe die Salat (d.h. Gebete) und gib den Zakat (Almosen). Fasten (Sawm) ist im Monat Ramadan geboten und einmal im Leben ist die Hadsach, die Pilgerreise nach Mekka zu unternehmen.

Lob verdienen diejenigen, »die sich an Gottes Bestimmungen halten« (Sure 66.1), und »die auf die Gebote Gottes achten. Denn Gott ist der Herr seiner Rechtsnormen und der souveräne Gesetzgeber« (Sure 9.112). Was Gott aber erlassen hat, ist das Werk seiner Barmherzigkeit und seiner Gnade (vgl. Sure 16.50; 66.6 u.ö.).

Islam

Höre, Israel! YHWH, unser Gott, YHWH ist einzig. Darum sollst du den Herrn, deinen Gott, lieben mit ganzem Herzen, mit ganzer Seele und mit ganzer Kraft. Diese Worte, auf die ich dich heute verpflichte, sollen auf deinem Herzen geschrieben stehen. Du sollst sie deinen Kindern wiederholen, du sollst von ihnen reden, wenn du zu Hause sitzt und wenn du auf der Straße gehst, wenn du dich schlafen legst und wenn du aufstehst. Du sollst sie als Zeichen um das Handgelenk binden. Sie sollen zum Schmuck auf deiner Stirn werden. Du sollst sie auf die Türpfosten deines Hauses und in deine Stadttore schreiben. (Dtn 6,4-9)

Jude ist, wer als Kind einer jüdischen Mutter geboren ist oder freiwillig das Judentum annimmt.
Aus dem Aufnahmetext der Mischnameister (Babylonischer Talmud, Jewamot 47aw): »Kommt einer ..., um Jude zu werden, sagt man ihm die Strafe für die Übertretung der Gebote. ... Man weist ihn darauf hin, dass er als Nichtjude ungestraft ... den Sabbat übertreten konnte. Ebenso unterrichtet man ihn vom Lohn für die Erfüllung der Gebote. Ist er einverstanden, wird er beschnitten und nach der Heilung zum Tauchbad geführt. Frauen, die übertreten, werden ebenso unterwiesen und vollziehen das Tauchbad.«

Judentum

Mit Gewissheit erkenne also das ganze Haus Israel: Gott hat ihn zum Herrn und Messias gemacht, diesen Jesus, den ihr gekreuzigt habt. Als sie das hörten, traf es sie mitten ins Herz, und sie sagten zu den Aposteln: Was sollen wir tun, Brüder? Petrus antwortete ihnen: Kehrt um und jede/r lasse sich auf den Namen Jesu Christi taufen zur Vergebung der Sünden, dann werdet ihr die Gabe des Heiligen Geistes empfangen. Die nun, die sein Wort annahmen, ließen sich taufen. (Apg 2,36-38.41a)

Glauben Sie an Gott den Vater, den Allmächtigen, den Schöpfer des Himmels und der Erde?
Ich glaube.
Glauben Sie an Jesus Christus, seinen eingeborenen Sohn, unseren Herrn, der geboren ist von der Jungfrau Maria, der gelitten hat und begraben wurde, von den Toten auferstand und zur Rechten des Vaters sitzt?
Ich glaube.
Glauben Sie an den Heiligen Geist, die heilige katholische Kirche, die Gemeinschaft der Heiligen, die Vergebung der Sünden, die Auferstehung der Toten und das ewige Leben?
Ich glaube.
(Glaubensbekenntnis in der Feier der Taufe)

Christentum

Heilige Zeiten 1999

	Januar	Februar	März	April	Mai	Juni
1	Neujahr			Pessach	Sabbat	
2	Sabbat	Lichtmess	Purim	Karfreitag / Pessach	Sonntag	
3	Sonntag			Chol Ha'Mo'ed		Fronleichnam
4				Ostersonntag / Chol Ha'Mo'ed		Freitag
5		Freitag	Freitag	Ostermontag / Chol Ha'Mo'ed		Sabbat
6	Epiphanie	Sabbat	Sabbat	Chol Ha'Mo'ed		Sonntag
7		Sonntag	Sonntag	Pessach	Freitag	
8	Freitag			Pessach	Sabbat	
9	Sabbat			Freitag	Sonntag	
10	Sonntag			Sabbat		
11				Sonntag		Freitag
12		Freitag	Freitag			Sabbat
13		Sabbat	Sabbat	Jom Ha'Scho'ah	Christi Himmelfahrt	Sonntag
14		Sonntag	Sonntag		Jom Jeruschalajim / Freitag	
15	Lailat al Qadr				Sabbat	
16	Sabbat			Freitag	Sonntag	
17	Sonntag	Aschermittwoch		Sabbat / islam. Neujahr		
18				Sonntag		Freitag
19	Id al-Fitr	Freitag	Freitag			Sabbat
20	Id al-Fitr	Sabbat	Sabbat	Jom Ha'Zikaron		Sonntag
21	Id al-Fitr	Sonntag	Sonntag	Jom Ha'Azma'ut	Schawu'ot / Freitag	
22	Freitag				Schawu'ot	
23	Sabbat			Freitag	Pfingstsonntag	
24	Sonntag			Sabbat	Pfingstmontag	
25			Verkündigung des Herrn	Sonntag		Freitag
26		Freitag	Freitag	Aschura-Tag		Sabbat / Mevlit Kandili
27		Sabbat	Sabbat / Tag von Arafa			Sonntag
28		Sonntag	Sonntag / Opferfest		Freitag	
29	Freitag				Sabbat	
30	Sabbat			Freitag	Sonntag	
31						

	Juli	August	September	Oktober	November	Dezember
1	17. Tamuz - Fasten	Sonntag		Haschana Raba / Freitag	Allerheiligen	
2	Freitag			Schemini Atzeret	Allerseelen	
3	Sabbat		Freitag	Erntedankfest / Sim'chat Thora		Freitag
4	Sonntag		Sabbat			Chanukka
5			Sonntag		Freitag	2. Advent / Chanukka
6		Freitag			Sabbat / Isra und Mi'radsch	Chanukka
7		Sabbat			Sonntag	Chanukka
8		Sonntag		Freitag		Chanukka
9	Freitag			Sabbat		Chanukka / 1. Ramadan
10	Sabbat		Freitag	Sonntag		Chanukka / Freitag
11	Sonntag		Rosch Haschana			Chanukka
12			Sonntag / Rosch Haschana		Freitag	3. Advent
13		Freitag	Fasten Gedalja		Sabbat	
14		Sabbat			Sonntag	
15		Sonntag / Mariä Himmelfahrt		Freitag		
16	Freitag			Sabbat		
17	Sabbat		Freitag	Sonntag	Buß- u. Bettag	Freitag
18	Sonntag		Sabbat			Sabbat
19			Sonntag		Freitag	4. Advent
20		Freitag	Jom Kippur		Sabbat	
21		Sabbat			Sonntag	
22	9. Aw - Fasten	Sonntag		Freitag		
23	Freitag			Sabbat		
24	Sabbat		Freitag	Sonntag		Heiligabend / Freitag
25	Sonntag		Sukkot			Weihnachten
26			Sonntag / Sukkot		Freitag	Fest der Hl. Familie
27		Freitag	Chol Ha'Mo'ed		Sabbat	
28		Sabbat	Chol Ha'Mo'ed		1. Advent	
29		Sonntag	Chol Ha'Mo'ed	Freitag		
30	Freitag		Chol Ha'Mo'ed	Sabbat		
31	Sabbat			Reformationstag		Silvester / Freitag

Heilige Orte

Dann sah ich einen neuen Himmel und eine neue Erde. Ich sah die heilige Stadt, das neue Jerusalem, von Gott her aus dem Himmel herabkommen. Die Stadt hat eine große und hohe Mauer mit zwölf Toren. Auf die Tore sind Namen geschrieben: Die Namen der zwölf Stämme Israels. Die Völker werden einhergehen, und die Könige der Erde werden ihre Pracht in die Stadt bringen. Nacht wird es dort nicht mehr geben.
(Vgl. Offb 21,1f.; 12.24f.)

Gott zeichnete seinen Gesandten durch den Gnadenerweis der Nachtreise von Mekka nach Jerusalem und anschließend durch eine Himmelsreise aus.

Ich freute mich, als man mir sagte: »Zum Haus des Herrn wollen wir pilgern.« Schon stehen wir in deinen Toren, Jerusalem: Jerusalem, du starke Stadt, dicht gebaut und fest gefügt. Dorthin ziehen die Stämme hinauf, die Stämme des Herrn, wie es Israel geboten ist, den Namen des Herrn zu preisen. Denn dort stehen Throne bereit für das Gericht, die Throne des Hauses David. Erbittet für Jerusalem Frieden! Wer dich liebt, sei in dir geborgen.
(Ps 122,1-6)

Heilige Gegenstände

Bibel
(übersetzt: Bücher) Buch, in dem die Glaubenserfahrungen von Menschen aus mehr als einem Jahrtausend aufgeschrieben wurden. Es gliedert sich in das Erste und Zweite Testament; diese beiden Teile gehören zusammen. Jesus und die frühe Kirche lebten aus den Grundlagen der hebräischen Bibel (Erstes Testament). Die Schriften des Zweiten Testaments überliefern die Erfahrungen mit Jesus (Evangelien) und die Erfahrungen der frühen Kirche in der Nachfolge Jesu. Die hebräische Bibel hat sich im Judentum weitereinwickelt und wird anders verstanden als im Christentum. Teile der Bibel leben sowohl im Judentum als auch in der Tradition des Islam weiter. In der katholischen Tradition wurde die Bibel früher nur im Gottesdienst gelesen.

Menorah
Ein siebenarmiger Leuchter, der im zweiten Tempel (zerstört 70 n. Chr.) als kultisches Gerät diente. Er ist heute eines der Symbole des Judentums.

Mesusa
Jüdische Wohnungen sind seit mehr als zweitausend Jahren daran zu erkennen, dass sich am rechten Türpfosten ein schmaler Behälter befindet: diese Mesusa. Sie enthält eine winzige Pergamentrolle, auf die Teile des jüdischen Hauptgebetes (Dtn 6,4; 11,13-21) geschrieben sind. Der Behälter hat ein kleines Fenster, durch das der Gottesname »Schaddaj« erkennbar ist. Alle, die über die Schwelle treten, sollen die Mesusa berühren und einen Segen sprechen.

Koran
Buch, dessen Bezeichnung aus der arabischen Sprache stammt und mit »Lesung« übersetzt werden kann. Der Koran ist in 114 Suren (= Kapitel) gegliedert, die wiederum in 6206 Verse unterteilt sind. In ihm finden sich zum großen Teil Worte, die Allah dem Propheten Mohammed auftrug. So gilt der Inhalt dieses Buchs als Offenbarung Allahs. Die Abschriften des Korans, zumeist reich mit Ornamenten geschmückt, werden hoch verehrt und dürfen von den Gläubigen nur nach zeremonieller Reinigung berührt und gelesen werden. Die Exemplare sind oft in Seidentücher gehüllt und werden im Haus an einem erhöhten Platz aufbewahrt.

Kreuz
Erinnerungszeichen für Leiden, Sterben und Auferstehen Jesu Christi. Für gläubige Christinnen und Christen ist es ein Hoffnungszeichen dafür, dass Gott sich besonders mit den Leidenden solidarisch zeigt. Daher hängen sie eine Kreuzdarstellung in der Wohnung auf. In jeder christlichen Kirche hat das Kreuz einen zentralen Platz, zumeist über und auf dem Altar, an dem in der Feier Eucharistie (kath.) bzw. des Abendmahls (ev.) des Leidens, Sterbens und Auferstehens Jesu gedacht wird.

Torarolle
Dieses Buch enthält die »eigentliche« Tora, die ersten fünf Bücher Mose: Genesis, Exodus, Levitikus, Numeri und Deuteronomium. Diese werden im Gottesdienst im Laufe eines Jahres vollständig gelesen. Die Rollen der Tora genießen im Judentum größte Verehrung. Sie werden in der Synagoge im Toraschrein, der nach Osten ausgerichtet ist, aufbewahrt. Die Rolle darf nicht mit der bloßen Hand berührt werden. Zum Lesen wird ein eigens dafür angefertigter Zeigestab benutzt.

Gemeinsames entdecken – aufeinander zugehen

Jüdische, christliche und islamische Gläubige beten den einen Gott an; aber dennoch kam es im Laufe der Jahrhunderte zu Auseinandersetzungen, Konflikten und Feindschaft. Dies hat dazu geführt, dass die gemeinsamen Wurzeln, die Religion und der Glaube des Abraham, der Hagar und der Sara, in Vergessenheit gerieten. Umso heftiger wurde der Streit um das gemeinsame Erbe – einem Familienstreit vergleichbar – ausgetragen: Welche ist die »richtige« Religion?
Heute jedoch haben Christinnen und Christen das Anliegen, den Streit zu beenden. Sie streben Verständnis und Dialog an und erinnern an das gemeinsame Fundament des Glaubens, an den einen Gott in Judentum, Christentum und Islam.

Abraham
Sara Hagar

Nachkommen so zahlreich wie die Sterne am Himmel (Gen 15,5)

Judentum

Christentum

Islam

»Nach dem Schriftwort ›Ich habe dich zum Vater vieler Völker bestimmt‹ ist Abraham unser aller Vater vor Gott, dem er geglaubt hat, dem Gott, der die Toten lebendig macht und das, was nicht ist, ins Dasein ruft. Gegen alle Hoffnung hat er voll Hoffnung geglaubt, dass er der Vater vieler Völker werde.« (Röm 4,17f.)

»Abrahams Haus stand allen Menschenkindern offen, den Vorbeiziehenden und Heimkehrenden, und Tag für Tag kamen welche, um bei Abraham zu essen und zu trinken. Wer hungrig war, dem gab er Brot und der Gast aß und ward gesättigt. Wer nackend in sein Haus kam, den hüllte er in Kleider und ließ ihn von Gott erfahren, dem Schöpfer aller Dinge.« (M.J. Ben-Gorion)

»Ihr Leute der Schrift! Warum streitet ihr über Abraham, wo doch die Tora und das Evangelium erst nach ihm herabgesandt worden sind? Habt ihr denn keinen Verstand? ... Abraham war weder Jude noch Christ, er war vielmehr ein (Gott) ergebener Hanif und kein Heide.« (Koran: Sure 3.65-67)

Stufen zu einem Miteinander in Achtung und Toleranz

Achte ihre Gefühle
Lerne ihren Standpunkt kennen.
Erfahre, wie die anderen denken und handeln.
Sei bereit zu einem persönlichen Gespräch.
Lasse dich ein auf einen persönlichen Kontakt.
Erkenne, was dich am Kontakt mit Angehörigen fremder Religionen hindert.
Überwinde Angst und Hemmschwellen oder mache sie dir wenigstens bewusst.
Überwinde deine Scheu oder gar Abneigung Unbekanntem oder Fremdem zu begegnen.

Erläuterungen und methodische Anregungen

Die Bearbeitung dieses Themas erfolgt sinnvollerweise in projektorientierter Arbeitsweise. Die Seiten im Werkbuch dienen daher der Anregung für mögliche Fragestellungen. Ausführlichere Hintergrundinformationen (in Religionsbüchern, Lexika, Reiseliteratur und Geschichtsbüchern) können in einer Klassenbibliothek zusammengestellt werden. Wo möglich, sollten Kontakte zur Christlich-jüdischen Gesellschaft, zu jüdischen Gemeinden und zu muslimischen Kulturzentren vor Ort geknüpft werden.

Das **Diagramm** auf der Titelseite über die zahlenmäßige Verteilung der drei monotheistischen Religionen in der BRD zeigt, dass das Christentum den größten Teil der religiös gebundenen Menschen in unserem Land umfasst. Der Anteil der muslimischen Bevölkerung steigt in den letzten Jahren an (höhere Geburtenrate dieser Bevölkerungsgruppe; viele Asylbewerberinnen und -bewerber sowie Flüchtlinge aus mittel- und fernöstlichen Krisengebieten gehören dem Islam an). Auch der Anteil jüdischer Menschen in Deutschland ist durch den Zustrom jüdischer Übersiedler aus der ehemaligen Sowjetunion gewachsen.

- über die Verteilung der Religionen am Wohnort Informationen einholen
- erkunden, wo sich am Wohnort oder im näheren Umkreis Stätten der verschiedenen Religionen befinden.

Glaube lebt vom Bekenntnis zum Geglaubten. Deswegen gibt es in allen Religionen stereotype Formeln, die das Herzstück jeder Religion darstellen. Durch das Glaubensbekenntnis wird der Glaube nach außen bezeugt und dient zur Abgrenzung gegenüber anderen Überzeugungen. Nach innen ist es Ausdruck der Verbundenheit der Gläubigen untereinander und mit Gott. Das Gemeinsame von Judentum, Christentum und Islam ist das **Leben aus dem Glauben an den einen Gott**, der auf unterschiedliche Weise gesehen, dargestellt und verehrt wird. Die Zugehörigkeit zum Glauben wird durch Zeichenhandlungen zum Ausdruck gebracht. Im Islam besteht diese im Ablegen des Glaubensbekenntnisses vor Zeugen. Im Judentum gilt für Jungen und Männer die Beschneidung und das Tauchbad, für Mädchen und Frauen nur das Tauchbad als Aufnahmeritus. Im Christentum vollzieht sich die Aufnahme in die Gemeinschaft der Glaubenden in der sakramentalen Feier der Taufe.

- Unterschiede und Gemeinsamkeiten der Bekenntnisformeln herausarbeiten und besprechen
- über die Bedeutung des Glaubensbekenntnisses und der entsprechenden Religionszugehörigkeit für die eigene Person nachdenken und sich darüber (ggf. in Kleingruppen) austauschen.

Die kalendarische Übersicht über **»Heilige Zeiten 1999«** soll auf den religiösen Rhythmus des Lebens in Woche und Jahreskreis, wie er sich in Judentum, Christentum und Islam darstellt, aufmerksam machen. Hintergrund heiliger Zeiten ist der Glaube daran, dass alle Zeit in Gottes Hand liegt und Gott Zeiten des Heils schenkt. Am augenfälligsten sind die heiligen Zeiten als Tagzeiten vielleicht im Islam zu beobachten, wo die Verpflichtung zum fünfmaligen Gebet am Tag auch das öffentliche Leben bestimmt. Im Juden- und Christentum ist dies weitgehend auf den häuslichen Bereich bezogen. Dass Religionsausübung zu bestimmten Zeiten geschehen kann, ist durch unsere Gesetzgebung gewährleistet. Nach Art. 4 GG gilt: »(1) Die Freiheit des Glaubens, des Gewissens und die Freiheit des religiösen und weltanschaulichen Bekenntnisses sind unverletzlich. (2) Die ungestörte Religionsausübung wird gewährleistet.« Noch deutlicher wird dieses Recht in der Konvention zum Schutze der Menschenrechte (Europarat, 4. Nov. 1950), Art. 9 formuliert.

- die einzelnen Festtage der entsprechenden Religion zuordnen
- persönliche religiöse Feiertage (z.B. Jahrestag der Taufe oder Erstkommunion, der Bar bzw. Bat Mizwa, der Beschneidung) in den Kalender eintragen
- einen persönlichen Erlebnisbericht oder ein Kurzreferat über einzelne Feste anfertigen
- eine Pro- und Kontra-Diskussion über Bestrebungen, das Sonn- und Feiertagsgesetz zu verändern und mögliche Auswirkungen auf die Religionsausübung führen
- aus Nachrichten oder Zeitungsmeldungen den Anteil der Informationen über religiöse Ereignisse heraussuchen und eine Dokumentation erstellen.

Heilige Orte gibt es ebenfalls in allen Religionen. Den drei monotheistischen Religionen gilt Jerusalem als »heilige Stadt«, die wie kaum eine andere mit der Sehnsucht nach Frieden und Heil verbunden wird. Für jüdische Menschen ist sie die Stadt, auf deren Berg Morija Abraham seinen Sohn Isaak opfern sollte (Gen 22,9), sich das »Tor zum Himmel« befindet (Gen 28,12; Jakobsleiter) und Salomo später den Tempel erbaute (2 Chr 3,1). Im Sabbatlied »Lecha dodi« wird ausdrücklich die Sehnsucht nach Jerusalem (Wiederherstellung des Tempels) besungen. Die Westmauer ist das einzige Überbleibsel des Tempels nach seiner Zerstörung im Jahr 70 n. Chr. durch die Römer. Für Christinnen und Christen ist Jerusalem der Ort des Leidens, Sterbens und Auferstehens Jesu Christi sowie der Ort der christlichen Urgemeinde. Christliche Hoffnung auf das »himmlische Jerusalem« beinhaltet das Bild für eine neue Zeit, die das Ende aller Unterdrückung und Ungerechtigkeit bedeutet (Offb 21,2-22,5). Im islamischen Bewusstsein stellt Jerusalem dreierlei dar: Es ist der Ort wichtiger biblischer Ereignisse, die ursprüngliche Qibla, d.h. der End- und Bestimmungspunkt der Gebetsrichtung und die Stadt, bei der eine theologisch bedeutsame Traumreise Mohammeds endete und von der aus sein visueller Aufstieg in den Himmel begann. Der Felsendom (erbaut 692), Gedenkstätte, an der Abraham zur Opferung seines Sohnes bereit gewesen sein soll, ist heute Symbol für die ungelösten Konflikte zwischen Israelis und Palästinensern.

- eine Bildcollage mit den heiligen Stätten der einzelnen Religionen anfertigen (Judentum: Jerusalem [Westmauer] Hebron [Grab Abrahams], Synagoge; Islam: Mekka [Kaaba], Medina, Jerusalem [Felsendom], Moschee; Christentum: Jerusalem [Grabeskirche], Bethlehem, Rom [Apostelgräber]).

Der dritte Aspekt, unter dem sich die Schülerinnen und Schüler mit den einzelnen Religionen beschäftigen und Näheres über die religiöse Praxis erfahren können, ist jener der **heiligen Gegenstände**. Diese haben hinweisenden – symbolischen – Charakter. Hier werden zunächst die heiligen Schriften Bibel, Torarolle und Koran vorgestellt. Die Religionsgeschichte kennt eine Vielzahl »heiliger Schriften«; heilige Schriften im engeren Sinn (wie die hier genannten) besitzen normativen Charakter und stellen die oberste Autoritätsinstanz (Offenbarungscharakter) der entsprechenden Religion dar. Daneben werden Mesusa und Menora (Judentum) vorgestellt und wird auf die Bedeutung des Kreuzes für Christinnen und Christen verwiesen. Für den Islam könnte die Bedeutung des Gebetsteppichs bedacht werden.

- eine Ausstellung anfertigen, dazu die entsprechenden Gegenstände beschreiben sowie ihre Bedeutung und Verwendung erläutern
- von persönlicher Bedeutung und persönlichem Gebrauch der Gegenstände erzählen.

Unter der Überschrift **»Gemeinsames entdecken – aufeinander zugehen«** wird zunächst darauf aufmerksam gemacht, dass die sehr vielschichtigen und durch geschichtliche Entwicklungen verschärften und belasteten Konflikte eine Art »Familienstreit« darstellen. Da Abraham den Stammvater, Sara und Hagar die Stammmütter des Judentums, Christentums und Islams darstellen, ist der Blick auf die gemeinsamen Wurzeln geeignet, einen Neuanfang zu wagen. Andererseits ist auch der Blick auf die eigenen Vorurteile, Hemmungen und Ängste zu richten; diese sind im Bereich der persönlichen Begegnung und auf dem Weg zu einem Miteinander in Achtung und Toleranz oftmals eine ebenso schwere Hypothek wie die Schuld der Vergangenheit.

- Schriftstellen aus der Bibel heraussuchen und die Stellung Abrahams in der Beziehung zu Ismael (Sohn Hagars) und Isaaks (Sohn Saras) in einem Schaubild darstellen (Gen 16,1-16; 17,23-27; 21,9-21; 25,7-11 sowie Gen 17,15-22; 18,1-15; 21,1-8; 24)
- aus den Evangelien Schriftstellen heraussuchen und erläutern, in welchem Zusammenhang hier auf Abraham verwiesen wird (Mt 1,1f.17; 3,7-10; 8,5-11; Lk 1,54f.; 13,15f.16,27-31; 19,9; Hebr 11,8-12.17-19)
- die Schritte zum Dialog zu eigenen Erfahrungen in Beziehung setzen
- weitere Stufen für ein Miteinander in Achtung und Toleranz benennen.

Wissenswertes Wissenswertes Wissenwertes

Heilig
Das Wort »heilig« gehört zu den Grundvokabeln aller Religionen. Es steht zum einen für das Göttliche, zum anderen bezeichnet es Menschen oder Dinge, die dem Göttlichen in besonderer Weise zugeordnet werden. »Heilig« steht damit im Gegensatz zum Profanen, »Weltlichen«. Der dreimalige Heiligruf verbindet Judentum und Christentum: »Heilig, heilig, heilig ist YHWH Zebaot, die ganze Erde ist voll seiner Heiligkeit!« (Jes 6,3) Im Islam gilt Gott als der Eine, der Einzige, der Erhabene: »Es gibt nichts, was ihm gleich wäre.« (Sure 42.11)

Was am Christentum wesentlich ist
Das Wesentliche des Christentums ist nicht eine Lehre oder eine Idee, sondern eine Person: Jesus Christus. Alle, die sich Christin oder Christ nennen, berufen sich auf sein Leben, Sterben und Auferstehen. Im Zentrum der Botschaft Jesu steht das Wort von der »Herrschaft Gottes«. Ihr Erkennungszeichen ist Gottes vorurteilsfreie Liebe zu allen Menschen, eine Liebe ohne Grenzen und Vorbehalte. So ist diese »Herrschaft« ohne Gewalt und frei von Unterdrückung. Sie zeigt sich in besonderer Weise in der Hinwendung Jesu zu denen, die am Rande der Gesellschaft stehen: den sozial Schwachen, den Kranken, den Macht- und Hilflosen, den Menschen ohne Rang und Namen, die nicht auf der Sonnenseite des Lebens stehen. An dieser Botschaft hält Jesus fest und lässt sich dafür kreuzigen. Gott hat diese Botschaft bestätigt, indem er Jesus aus dem Tod auferweckte. Daher glauben Christinnen und Christen: »Gott hat ihn erhöht und ihm einen Namen gegeben, der größer ist als alle Namen, damit alle Mächte im Himmel, auf der Erde und unter der Erde ihr Knie beugen, vor dem Namen Jesus und jeder Mund bekennt: ›Jesus Christus ist der Kyrios‹.« (Phil 2,9-11) Das Unterscheidende der christlichen Religion zu allen anderen liegt in dem Glauben, dass Gott in einem Menschen für uns sichtbar, spürbar und greifbar wurde. Das Apostolische Glaubensbekenntnis formuliert es so: »Ich glaube an Jesus Christus, Gottes eingeborenen Sohn, unseren Herrn. Er sitzt zur Rechten Gottes.«

Judentum
Nach herkömmlichem Sprachgebrauch ist das Judentum keine »Religion«, da Volks- und Religionszugehörigkeit sowie die Bindung an das Land Israel eine Einheit bilden. Dies hat seine Wurzeln in der hebräischen Bibel. Heute gibt es im Judentum unterschiedliche Richtungen; sie alle haben jedoch das zentrale Wort der Tora gemeinsam: »Höre Israel!« (Dtn 6,4) Dieses Wort beinhaltet den Aufruf an das auserwählte Volk (Ex 19,5f.). Dieses Volk ist berechtigt, den »Einzig-Einen«, den Gott der ganzen Schöpfung, als »seinen« Gott zu beanspruchen. In dieser Aussage liegt für gläubige Jüdinnen und Juden jedoch die Verpflichtung zum universalen Dienst an der Welt. Sie meint eine Weitherzigkeit, die alle Menschen umfasst, die als Nachkommen des nicht-jüdischen Völkervaters Noah die ihm erteilten Gebote halten (Gen 9). Das Ziel und die Hoffnung des Judentums ist der Friede zwischen den in ihrer Eigenart unterschiedlichen Völkern, die sich jedoch zu demselben Gott hinwenden und sich von ihm den Weg weisen lassen (Jes 2,2-5; Mi 4,1-5). Ein bedeutender Lehrer des Judentums aus dem 3. Jahrhundert legte daher Gott folgende Worte in den Mund: »Sie haben mich verlassen; ich übersehe das, wenn sie sich nur an meine Tora halten ... Wenn sie das tun, wird das Licht der Tora sie mir wieder annähern." (j Chagiga I,7,76c)

Islam
Der Islam versteht sich als Religion der Unterwerfung unter den Willen Gottes. Sie gründet einerseits auf dem Koran, der für die Gläubigen die göttliche Offenbarung enthält, zum anderen auf der Tradition und dem Vorbild des Propheten Mohammed. Der Islam versteht sich als die endgültige und reine Form des Monotheismus. So bekennt er sich besonders zur biblischen Tradition und würdigt Abraham, Mose und Jesus Christus als bedeutsame Gestalten. Für die Gläubigen ist der Islam ein Lebensmodell, das alle Bereiche des Lebens der Einzelnen, der Familie und der Gemeinschaft nach religiösen Grundsätzen regelt. Die religiösen Pflichten bilden das Kernstück des islamischen Gesetzes. Eine besondere Stellung haben Ehe und Familie als Ort echter Lebensgemeinschaft von Mann und Frau. Sie sollen auf gegenseitiger Liebe und Zuneigung aufbauen und den Einzelnen Geborgenheit und Sicherheit bieten. Die islamische Gesellschaft soll sich besonders durch Solidarität, Brüderlichkeit und Gerechtigkeit auszeichnen. Dies gilt für den Umgang der Gläubigen untereinander, bezieht sich jedoch auch auf alle Menschen.

Miteinander beten

So beteten Gläubige des Judentums, Christentums und Islams beim Friedenstreffen der Religionen in Assisi am 27. Oktober 1986

Im Namen Allahs, des Allbarmherzigen!
Lob und Preis sei Allah,
dem Herrn der Weltenbewohner,
dem gnädigen Allerbarmer,
der am Tag des Gerichtes herrscht.
Dir allein wollen wir dienen,
und zu dir allein flehen wir um Beistand.
Führe uns den rechten Weg,
den Weg derer, welche sich deiner Gnade freuen –
nicht den Pfad derer, über die du zürnst
oder die in die Irre gehen!
(Eröffnungssure des Koran, »Fathia«)

Unser Vater im Himmel,
der Herr des Friedens,
wird Gnade und Barmherzigkeit über uns
und allen Völkern der Erde walten lassen,
die seine Barmherzigkeit und Gnade erflehen
und um Frieden bitten und ihn suchen.
Unser Gott im Himmel, gib uns die Kraft,
zu handeln, zu wirken und so zu leben,
bis der Geist von oben sich über uns zeigt
und die Wüste zum Weinberg wird
und der Weinberg sich als Wald erweist.
(Jüdisches Gebet)

Herr, mache mich zu einem Werkzeug deines Friedens,
dass ich liebe, wo man hasst;
dass ich verzeihe, wo man beleidigt;
dass ich verbinde, wo Streit ist;
dass ich die Wahrheit sage, wo Irrtum ist;
dass ich Glauben bringe, wo Zweifel droht;
dass ich Licht entzünde, wo Finsternis regiert;
dass ich Freude bringe, wo Kummer wohnt.
(Franz von Assisi zugesprochen)

Einem Menschen,
dessen Religion verschieden ist von der meinen,
werde ich nicht länger sagen:
Meine Religion ist besser als deine.
Für mich gibt es nur die Religion der Liebe:
Wohin immer ihr Aufstieg führt,
wird Liebe mein Bekenntnis sein
und mein Glaube.

Durchkreuzt

etwas wagen –
sich absichern

Leitmotiv

SICH AUFRICHTEN		
Durchhaltevermögen	Sehnsucht	Auferstehung

Intentionen

- sich »Kreuzsituationen« und die in ihnen liegende Bedrohung für die menschliche Existenz bewusst machen
- bereit sein, sich mit belastenden Situationen auseinander zu setzen, sie zu akzeptieren und gemeinsam mit anderen Wege des Umgangs mit ihnen zu entdecken
- verstehen, dass die Orientierung am Auferstehungsglauben eine neue Sichtweise und Deutung von »Kreuzsituationen« ermöglicht
- erkennen, dass aufgrund der Auferstehungshoffnung immer wieder ein Neuanfang gewagt werden kann

Worum es geht

Menschen jeden Alters erfahren, dass ihre Hoffnungen und Träume oder ihre bisherige Lebensplanung »durchkreuzt« werden. Erfahrungen der Ohnmacht, des Scheiterns, von Krankheit, Leid und Tod gehören zum menschlichen Leben und bleiben keinem Menschen erspart. Derartige »Kreuzsituationen« des Lebens können unterschiedliche Ursachen und Auswirkungen haben; sie lassen Menschen »gekrümmt« erscheinen, werfen sie »zu Boden« und können sie u.U. an den Rand ihrer Existenz bringen. Die Erfahrung zeigt, dass es kaum Menschen gibt, die solchen Belastungen auf die Dauer gewachsen sind. Je nach Charakter und Persönlichkeit »werfen sie die Flinte ins Korn«, geben sie sich selbst auf oder sehen die einzige Lösung darin, »Schluss zu machen«. Es ist selten leicht, sich der Situation voll zu stellen, sie zu akzeptieren, nach Möglichkeiten sinnvoller Bewältigung zu suchen und einen Neuanfang zu wagen.
Die Passions- und Ostererzählungen spiegeln die Erfahrung tiefer Trauer und Verzweiflung, großer Enttäuschung und Ratlosigkeit ebenso wider, wie sie den Weg der Betroffenen zu neuer Hoffnung und zur Überzeugung, dass selbst mit dem Tod nicht »alles aus« ist, nachzeichnen. So haben sich Frauen und Männer in der Geschichte des Christentums bis heute mit dem geschundenen, leidenden Jesus von Nazareth identifiziert, dessen Existenz auf brutale Weise »durchkreuzt« wurde. Die Tatsache, dass Jesus die Erfahrung tiefster Ausweglosigkeit und Gottesferne durchlitten hat, kann zum Trost für alle werden, die sich in ähnlichen »Kreuzsituationen« wieder finden. Vor allem aber gibt die Osterbotschaft Hoffnung: Gott selbst hat in der Auferweckung das Leben, Leiden und Sterben Jesu von Nazareth bestätigt und ihn gerettet. Im Bekenntnis zum Auferweckten wurzelt christliche Hoffnung; so ermöglicht der Osterglaube den Aufbruch in ein neues Leben. Durch die Auseinandersetzung mit der Botschaft von Kreuz und Auferstehung sollen die Schülerinnen und Schüler erahnen, dass Leben trotz aller Leiderfahrung möglich ist.

Am Rande

(heimkind, 16 jahre)

meine zeugung
war ungewollt

mein lebensanfang
abgelehnt

mein dasein
im mutterleib
ungeliebt

die geburt
einsam

ich habe
die lebenspläne
meiner mutter
durchkreuzt

ich war
leibhaftige
enttäuschung

ich kenne
meinen vater
nicht

ich werde
hin und her geschoben

ich bin nur angenommen
wenn ich
keine probleme mache

wenn meine mutter
mit mir nicht
klarkommt
schlägt sie

ich habe
kein warmes nest
nur einen freund
der meinen körper
will

ungeboren
kämpfe ich
ums überleben

ich habe angst
vor der zukunft

die ausbildung
habe ich abgebrochen

geld habe ich keines
nur zweifel und scham

ich habe
das vertrauen
verloren

am besten
wäre ich
nicht geboren

ich sehe
keinen sinn
für mich

und dennoch
will ich
leben

Andrea Honthal

Jesus, denk an mich, wenn du in dein Reich kommst!
Ach, du willst den Tempel in drei Tagen wieder aufbauen?
Hilf dir selbst und steig vom Kreuz herab!
Mein Gott, mein Gott, warum hast du mich verlassen?
Anderen hat er geholfen; sich selbst kann er nicht helfen.
Vater, in deine Hände lege ich meinen Geist!
Es ist vollbracht!

Die Osterbotschaft verkünden

Ob es wahr ist?

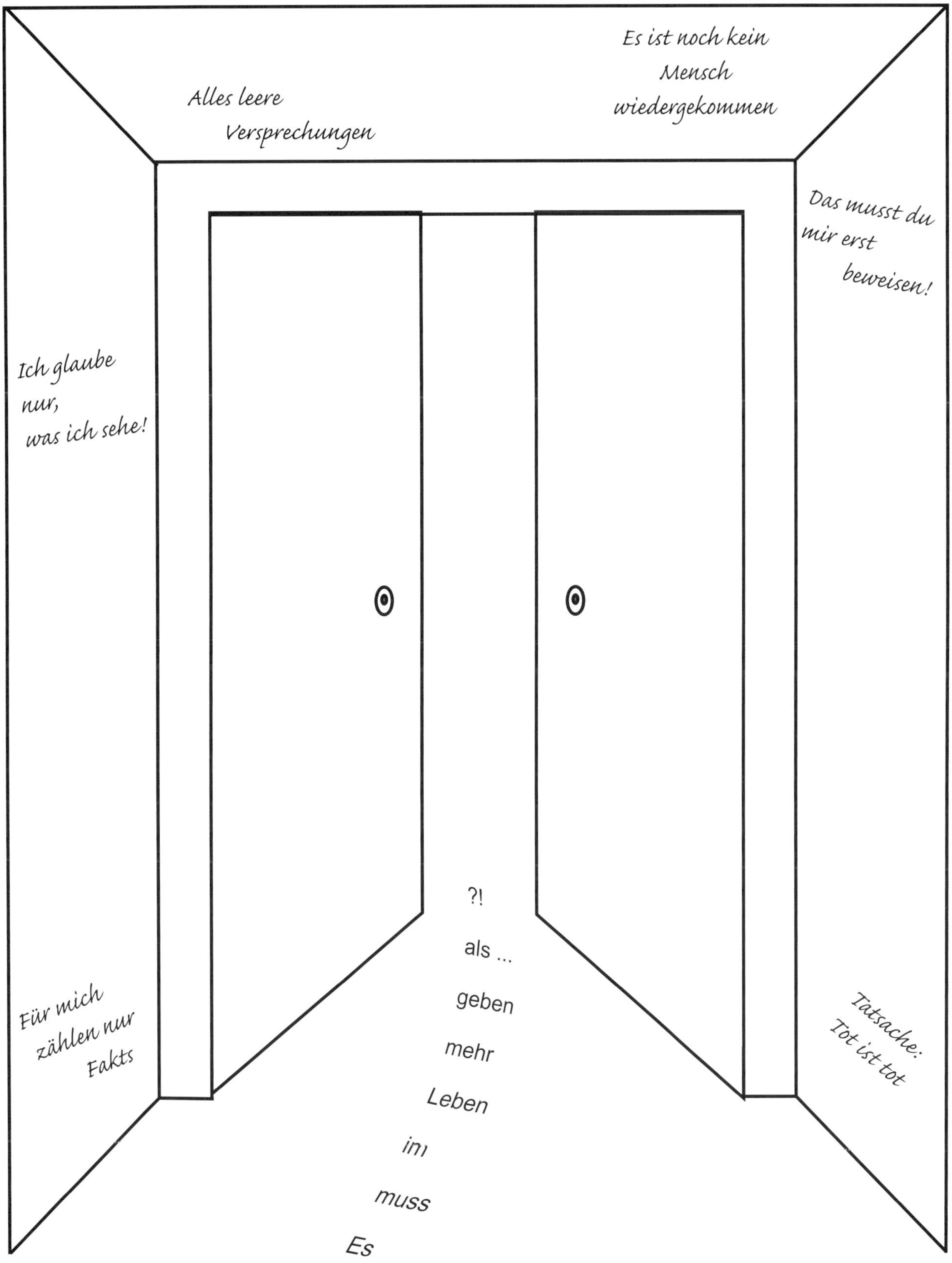

Lebens-Kreuz-Baum

Der gekreuzigte Christus als Lebensbaum dargestellt; der Phönix über seinem Haupt und der grünende Kreuzesstamm sind Symbol für die Auferstehung (Holzschnitt um 1485).

Erläuterungen und methodische Anregungen

Die **Titelgraphik** stellt ein Bilderrätsel dar, dessen Ergebnis die Kapitelüberschrift veranschaulicht: Durchkreuzt. In Redewendungen ist davon die Rede, dass etwa Pläne oder Vorstellungen durchkreuzt werden. Dies kann für die betroffene Person ohne großen Belang sein, kann jedoch auch eine ganze Welt zusammenbrechen lassen.

- überlegen, was im menschlichen Leben alles »durchkreuzt« werden kann und die möglichen Auswirkungen bedenken
- die Ergebnisse graphisch umsetzen.

Der Text **»Am Rande«** macht zugleich betroffen und sprachlos. Er kann bei der Leserin bzw. dem Leser eigene, ähnliche Selbstwahrnehmung und Erfahrungen wachrufen oder ihr bzw. ihm bewusst machen, dass ihr bzw. ihm ein solches Schicksal erspart blieb.
Eine 16-jährige Jugendliche bringt in einfachen Sätzen und klaren Worten zum Ausdruck, dass ihre Existenz von Beginn ihres Lebens an chancenlos ist. Der Rat, das Leben doch endlich in die eigene Hand zu nehmen (etwa sich dem Freund zu widersetzen oder die Ausbildung wieder aufzunehmen), klingt zwar vernünftig, aber erweist sich wohl doch als eine Forderung, deren Erfüllung die Kräfte der Jugendlichen übersteigen. Aber trotzdem: Der Schlusssatz »und dennoch will ich leben«, solange er noch ausgesprochen, geschrien, geweint oder gebetet werden kann, lässt hoffen.

- aus der eigenen Situation heraus einen entsprechenden Text oder einen Gegentext schreiben
- den Gedanken, der am meisten persönlich betroffen macht, mit Fingerfarben oder lufttrocknender Tonmasse gestalten bzw. mit Orff'schen Instrumenten in Klang umsetzen
- Psalm 22 oder Jona 2,1-11 lesen und mit dem Text vergleichen
- aus dem Gedanken »und dennoch will ich leben« heraus ein Gebet verfassen.

Die **Fotomontage** setzt das Geschehen des Kreuzestodes Jesu von Nazareth den vier Evangelien entsprechend ins Bild. Sie konzentriert sich auf die Äußerungen der Umstehenden auf das Sterben Jesu am Kreuz sowie auf drei der »letzten Worte Jesu«. (Zur Deutung des Kreuzestodes Jesu durch die Synoptiker und das Johannesevangelium s.a. unter **»Wissenswertes«**.) Die Menschen unter dem Kreuz zeigen Haltungen und Verhaltensweisen, die nicht nur für die damalige Zeit gelten.

- Haltungen der Menschen damals (vgl. Mk 15,20b-41) beschreiben
- überlegen, wo es dieses Verhalten heute gibt
- die Verfasstheit Jesu mit der von Menschen in Extremsituationen vergleichen (mögliche Aussagen: »Wie kann Gott das zulassen?« – »Womit habe ich das verdient?« – »Warum gerade ich?«)
- über eigene Kreuzeserfahrungen nachdenken; diese mit Farbe oder Ton ausdrücken (evtl. Meditationsmusik)
- mit Symbolen der Kreuzigung (Nägel, Holz, Dornen) ein Passionsbild gestalten
- »Kreuzes«-Erfahrungen in passiven Verbformen aufschreiben (verleumdet, verurteilt, gegeißelt, gedemütigt ...); zu einem dieser Worte eine Geschichte oder ein Gedicht schreiben oder eines bzw. mehrere der Worte als Schreibbild gestalten
- Assoziationsstern zu »Tod« schreiben.

Frauen sind es, die als Erste die Osterbotschaft erhalten. Gleichzeitig werden sie noch am Grab beauftragt, diese Botschaft weiterzusagen. Mk 16,7ff. erzählt davon, dass allen voran Maria von Magdala den Jüngern die Botschaft von der Auferweckung Jesu verkündet.
Nach den Kriterien, die Apg 1,21f.25 genannt werden, wird dieser Frau besondere Autorität zugesprochen: Sie ist »Zeugin der Auferstehung« und »Apostelin«. So hat Maria von Magdala als österliche und nachösterliche Offenbarungsempfängerin und Verkünderin in der frühchristlichen Tradition eine bedeutende Rolle ge-

spielt. Dies zeigt sich auch in der bildenden Kunst. Das hier ausgewählte **Bild** hält die Szene der **Verkündigung der Osterbotschaft durch Maria von Magdala an die Jünger** fest. Aus den Gesichtern und Haltungen der Jünger sprechen Erschrecken, Skepsis und Ungläubigkeit.

- das Bild beschreiben, besonders die Gestik und Mimik der dargestellten Personen
- die Mimik und Gestik durch Adjektive ausdrücken
- auf dem Hintergrund dieser Adjektive eine Geschichte zum Bild schreiben und/oder einen Titel für das Bild finden
- Mk 16,9-11 lesen und mit dem gefundenen Titel vergleichen
- vor dem biblischen Hintergrund und den Assoziationen zu »Tod« (s.o.) die Gestik und Mimik neu deuten
- die Osterbotschaft in Worte fassen und eine Osterkarte gestalten
- einen Assoziationsstern zu »Leben« schreiben
- Symbole für »Leben« suchen
- die Worte Jesu am Kreuz den beiden Assoziationssternen »Tod« und »Leben« zuordnen
- die Aussage »Das Leben siegt über den Tod« als Bild oder mit Naturmaterialien gestalten
- Joh 20,11-18 lesen und Vers 16 (beim Namen gerufen werden) in seiner Bedeutung bedenken (welche Lebensperspektive eröffnet sich?)
- Vers 16 farblich gestalten
- Bilder suchen, auf denen diese Szene dargestellt ist.

Die Reaktionen auf die Osterbotschaft sind Furcht, Erschrecken, Skepsis und Unglauben – damals wie heute: **»Ob es wahr ist?«** Die Jüngerinnen und Jünger waren keine unkritischen, leichtgläubigen Menschen. Was sie erfuhren, widersprach so sehr ihren bisherigen Erfahrungen, dass sie zunächst nur zurückhaltend reagieren konnten. Sie brauchten Zeit, um diese neue Wirklichkeit des neuen Lebens zu begreifen. Johannes hat dieses Zweifelmotiv in einer eigenen Geschichte zur Sprache gebracht. So bringt er das Legitime des Zweifels zum Ausdruck. Erst als Jesus den Zweifel des Thomas ernst nimmt, kann dieser zum Glauben finden.

- darüber diskutieren, wann solche Redensarten gebraucht werden und die dahinter stehende Haltung benennen
- das »Mehr« näher bestimmen: Was könnte es bedeuten? (Vertrauen, Hoffnung, Liebe ...)
- Joh 20,24-29 lesen und mit der graphischen Darstellung in Beziehung setzen
- Situationen benennen, in denen Zweifel nicht ohne weiteres ausgeräumt werden können.

In der bildnerischen Deutung des Kreuzes wird dieses zum **Kreuzbaum / Lebensbaum**. Diese Art der Darstellung drückt den Glauben daran aus, dass aus dem Tod neues Leben wächst. So entsprießt dem Todesholz eine Vielfalt von Lebenssymbolen.

- die dargestellten Symbole klären und erläutern
- die Sprachbilder, mit denen die Evangelien Auferstehung umschreiben, heraussuchen (Mt 28,1-10; Mk 16,1-20; Lk 24,1-50; Joh 20; z.B. leeres Grab, durch verschlossene Türen gehen; das Herz brannte)
- Metaphern in Osterliedern suchen
- Symbole, Sprachbilder, Metaphern, die besonders ansprechen, in freier Form gestalten
- einen meditativen Text oder ein Gedicht schreiben.

Der Text **»Als das Eis schmolz«** stellt den Versuch dar, sich der Bedeutung von Ostern in unterschiedlichen Sprachbildern zu nähern.

- passende Musik suchen und dazu den Text meditativ lesen
- mit einzelnen Strophen eine Osterkarte gestalten.

Wissenswertes Wissenswertes Wissenswertes

Der Kreuzestod Jesu
wird in den Evangelien unterschiedlich dargestellt. Der Evangelist Markus folgt mit seiner Passionserzählung einer älteren Vorlage, die er seiner theologischen Aussageabsicht entsprechend verändert. Er will den Leidensweg als einen »schriftgemäßen« Weg darstellen. So werden Geschehen und Deutung miteinander verknüpft. Worte aus den Propheten und den Psalmen prägen die Erzählung: sowohl in Form von Zitaten als auch in der Art und Weise der Ausgestaltung von Einzelzügen des Geschehens. Die Kreuzigungsszene gehörte wohl bereits zur vormarkinischen Überlieferung. Sie bildet das Zentrum, um das herum die übrigen, meist nicht zusammenhängenden Texte gruppiert werden. Die Verschränkung der Darstellung des Kreuzesgeschehens mit seiner Deutung wird besonders an den Worten Jesu am Kreuz greifbar.
Wenn *Markus* und *Matthäus* Jesus die Worte aus Ps 22,2 in den Mund legen, zeigen sie Jesus als Klagenden in der Gemeinschaft aller Gerechten, die verfolgt wurden und werden. Dieser Schrei aus einem Klagepsalm spricht von Verzweiflung und Einsamkeit, aber auch vom bleibenden Vertrauen: »Mein Gott, mein Gott, warum hast du mich verlassen?«
Der Evangelist *Lukas* dagegen zeigt Jesus, wie durchgängig in seinem gesamten Evangelium, als den »Heiland« der Sünderinnen und Sünder. Dieser Akzent bestimmt daher auch seine Darstellung des Kreuzestodes: Jesus verheißt dem mit ihm Gekreuzigten das Reich Gottes. Gleichzeitig erscheint Jesus als der, der sich auch im Tod in den Händen Gottes geborgen weiß (Ps 31,6).
Im *Johannesevangelium* findet sich wiederum eine andere Deutung: Der am Kreuz Erhöhte ist den Weg des Kreuzes bewusst gegangen und vollbringt, was ihm aufgetragen wurde, bis zur letzten Konsequenz. Der Ruf des Dürstenden (Ps 69,22; Ps 22,10) bringt die Absicht Jesu zum Ausdruck, die Schrift zu erfüllen.

Auferstehung Jesu
Die Botschaft von der Auferstehung Jesu ist der wesentlichste Kern der christlichen Botschaft. Sie betont jedoch nicht die faktischen Einzelheiten des Auferstehungsgeschehens, sondern stützt sich auf die Aussage der Zeuginnen und Zeugen. Alle Evangelien sprechen vom leeren Grab, dessen Tatsache sie mit verschiedenen Einzelgeschichten umrahmen. Übereinstimmung besteht darin, dass zuerst die Frauen zum Grab kamen und die Osterbotschaft erhielten. Neben diesen »Leere-Grab-Geschichten« gibt es unterschiedliche Erzählungen von Erscheinungen des Auferstandenen.
Der biblische Befund gestattet es, das geschichtliche Faktum der Auferstehung mit Sicherheit zu behaupten. Mit dem Zeugnis der Augenzeugen (vgl. Apg 1,21-25) beginnt eine Hoffnungsgeschichte: Jesu Leiden, Tod und Auferstehung gaben und geben Menschen die Kraft, ihr eigenes und das Leid aller Menschen mit Hoffnung zu betrachten.
Der Verdacht, dass alles Leid sinnlos sei, wird durch die Hoffnungsbotschaft der Auferstehung beseitigt: Wie Jesus werden alle Toten auferstehen und eine Zukunft bei Gott haben. Die Auferstehungsbotschaft weckt jedoch auch die Hoffnung auf ein Leben vor dem Tod, weil sie Menschen Mut macht, gegen das vermeidbare und abschaffbare Leid zu kämpfen.

Das Osterfest
ist die Mitte und das Hauptfest des Kirchenjahres. Bereits in apostolischer Zeit wurden die Gedenktage an das Leiden, Sterben und Auferstehen Jesu während des jüdischen Pessachfestes gefeiert. Im Jahr 325 n.Chr. wurde festgelegt, dass Ostern jeweils am ersten Sonntag nach dem Frühlingsvollmond gefeiert werden soll. Im germanischen Raum verdrängte es das Fest der Göttin Ostara, der Frühlings- und Fruchtbarkeitsgöttin; der Name »Ostern« wurde davon abgeleitet.
Zu den österlichen Feiern gehören die Eucharistiefeier am Gründonnerstag, die Feier des Kreuzestodes Jesu am Karfreitag und die Feier der Osternacht. Als »kleines Osterfest« wird jeder Sonntag gesehen; auch in der Eucharistiefeier denken Christinnen und Christen an das Karfreitags- und Ostergeschehen und begehen das Gedächtnis an das »letzte Abendmahl«.

Als das Eis schmolz
und Leben sich entfaltete,
muss Ostern gewesen sein.

Als die Mauer zerbrach
und Bewegung möglich wurde,
muss Ostern gewesen sein.

Als das Schweigen brach
und neue Worte sich formten,
muss Ostern gewesen sein.

Als die Schranke sich hob
und neue Wege sich öffneten,
muss Ostern gewesen sein.

Als die Fessel sich löste
und Freiheit sich ankündigte,
muss Ostern gewesen sein.

Als die Angst verblasste
und Hoffnung zaghaft wuchs,
muss Ostern gewesen sein.

Ostern

Der eigenen Sehnsucht trauen
Ins Licht sehen
Sich verwandeln lassen

Aufbrechen
Durchbrechen

LEBEN

INS

STEHEN
–
ER
–
AUF

Gegenwind

selbst bestimmen – fremdbestimmt sein

Leitmotiv

KRITIKFÄHIG WERDEN		
Wachsamkeit	Zivilcourage	Bekenntnis

Intentionen

- eigene und fremde Lebensweise kritisch wahrnehmen und ggf. Bereitschaft zur Umkehr entwickeln
- an der Stärkung des eigenen Selbstbewusstseins arbeiten, um zu Eigeninitiative zu gelangen
- bereit sein, gewonnene Einsichten überzeugend zu bekennen

Worum es geht

Prophetinnen und Propheten überzeugen durch ihre persönliche Integrität und ihre Unabhängigkeit von geltenden Meinungen. Sie reden und handeln kompromisslos, ohne sich von menschlichem Beifall oder von Ablehnung beeindrucken zu lassen. Da die Notwendigkeit ihres Redens und Tuns nicht dem eigenen Bedürfnis, sondern der Gotteserfahrung entspringt, können sie ggf. sogar von der eigenen Person und möglichen, evtl. lebensgefährlichen Konsequenzen absehen.
Für eine gute Sache einzutreten, mutig zu wichtigen Problemen der Zeit Stellung zu beziehen, das eigene Handeln und das der anderen kritisch zu befragen, in bedeutsamen Momenten des Lebens Zivilcourage zu zeigen – all dies sind Fähigkeiten, zu denen der Religionsunterricht seinen erzieherischen Beitrag leisten sollte.
Zur Erreichung dieser Aufgabe kann die Auseinandersetzung mit prophetischen Menschen einen wesentlichen Teil beisteuern. An ihnen kann deutlich werden, dass religiöses Engagement sich nicht auf einen (sonntäglichen) sakralen Bereich beschränken darf, sondern sich auch auf den politischen, wirtschaftlichen und sozialen Sektor bezieht. Der prophetische Anspruch besteht darin, die gesamte Alltagswirklichkeit in Beziehung zu Gott zu setzen. Die Beschäftigung mit Leben und Schicksal prophetischer Gestalten kann Mut machen, die eigenen Fähigkeiten zu schulen und selbstbewusster für das als richtig Erkannte einzutreten. Sie wird aber auch die vielleicht ernüchternde Tatsache ans Licht bringen, dass solch konsequentes Handeln zu Enttäuschung führen und die Betroffenen in große Schwierigkeiten bringen kann. Dennoch: Prophetische Menschen sind zu allen Zeiten notwendig und gefordert.

Sehen, was wirklich ist

Eine Prophetin Hulda? Hulda, eine Ratgeberin des Königs?
Fast alle, die ich nach ihr frage, schütteln den Kopf. Noch nie etwas von ihr gehört.
Hulda. Heute kennen sie nur wenige.
So ist es nicht immer gewesen.
Denn: In Jerusalem ist eine Straße nach ihr benannt.
Zwei Tore in der Südmauer des Tempels tragen ihren Namen.
Lange Zeit war ihr Grab eine Wallfahrtsstätte.
Und so sehe ich sie:
Hulda, eine Frau, die klar und sensibel die Zeichen der Zeit erkennt und deutet,
die unerschrocken die Wahrheit sagt.
Hulda, eine Frau, die hoch angesehen ist.
Hulda, eine Frau, die im Namen Jahwes spricht.

Hulda lebt in der zweiten Hälfte des 7. Jahrhunderts v. Chr. zur Zeit des Königs Joschija im Reich Juda, genau gesagt in Jerusalem, im zweiten Bezirk, d.h. in der Neustadt. Sie ist mit einem gewissen Schallum verheiratet, der bereits in der dritten Generation als Beamter im Dienst des Königs steht. Zu ihr schickt König Joschija eine Abordnung hoher Staatsbeamter und Priester. Aus der Nachricht über dieses Ereignis kann gefolgert werden, dass der König es nur ihr zutraut, ihm in einer wichtigen Angelegenheit Rat zu geben.
Worum geht es? Während Renovierungsarbeiten am Tempel war ein altes Gesetzbuch gefunden worden. Es stellt sich nun die Frage nach der Echtheit dieses Buches und der Bedeutung dessen, was in ihm steht. Der König und seine Berater gehen davon aus, dass das im Buch angekündigte Unheil nahe sei. Und dies sei, so meinen sie, die Schuld vergangener Generationen. Denn diese hätten das Gesetz nicht beachtet.
Hulda soll also dieses Gesetzbuch beurteilen. Es stellt sich heraus, dass Hulda differenzierter sieht als der König und seine Berater. Sie unterstreicht die Prophezeiungen des Buches und verkündet das bevorstehende Schicksal Judas: Der König wird im Kampf gegen die Feinde sterben und Juda wird vernichtet werden. Allerdings ist dies nicht alles, was Hulda zu sagen hat. Sie weist deutlich darauf hin, dass auch die gegenwärtig lebenden Menschen schuldig geworden sind. Sie haben den Glauben an Jahwe verloren und orientieren sich an anderen Gottheiten. Dadurch setzen sie ihr Leben und ihre Existenz aufs Spiel.
Weil Hulda tiefer sieht, hat sie für den König noch eine persönliche Botschaft: Er hat das richtende Wort Gottes über sich und seine Zeit anerkannt und sein Leben geändert; so wird ihm eine Zeit des Aufatmens geschenkt. Er wird die religiöse Reform seines Landes noch abschließen können und den Untergang seines Reiches nicht miterleben müssen.

So spricht Hulda als wahre Prophetin im Namen Jahwes.
Hulda: Sie sieht mit den Augen Jahwes, der die Herzen der Menschen kennt.

(vgl. 2 Kön 22,11-20; 2 Chr 34,22-28)

Zur Zeit Huldas befinden sich Syrien und Palästina unter assyrischer Vorherrschaft. Zahlreiche Befreiungskämpfe richten sich gegen die Macht Assurs. In einem dieser Kämpfe wird König Joschija getötet. Er hat sich durch die Kultreform in Juda einen Namen gemacht: Er wandte sich gegen den Fremdgötterkult und wollte Jerusalem zum alleinigen Heiligtum erheben.

Das Gesetz erinnert daran, dass Jahwe das Volk Israel aus Ägypten geführt hat. Daher soll das Volk Jahwe allein verehren (»Du wirst keine fremden Gottheiten neben mir haben.«). Es beinhaltet die Vorstellung, dass das Einhalten der Gesetze Segen, Ungehorsam aber Fluch bringt. So werden zur Zeit Huldas die Auseinandersetzungen mit Assur als Folge des Fremdgötterkultes gedeutet.

Ein hergelaufener Fremder

Es war in den Tagen des Herbstfestes. Ich war mit meiner Familie und einigen guten Bekannten in der Stadt unterwegs. Wir alle waren guter Laune, feierten kräftig und ließen es uns gut gehen.

Doch da war dieser Fremde. Mitten auf dem großen Platz der Stadt stand er und redete lautstark. Vor großem Publikum. Kein Wunder, es war ja Festtag! Das machte das, was er sagte, noch unerhörter! Das war keine Festrede!

Ich muss gestehen, anfangs war mir der Kerl noch sehr sympathisch. Er wetterte gegen die machtpolitischen Praktiken einiger unserer Nachbarstaaten. Vor allem ihre kriegerischen Aktivitäten prangerte er an. Und ihren menschenverachtenden Umgang mit den Kriegsgefangenen. Da war ich voll seiner Meinung.
Doch dann, als er uns alle so recht auf seiner Seite hatte, begann er, der Fremde, unseren Staat, unser Volk, unsere Verwaltung, unsere Gerichtsbarkeit, unsere gesunde, blühende Wirtschaft schlecht zu machen und in den Schmutz zu ziehen.
Doch damit nicht genug: Schließlich beschimpfte er auch uns, die wir da vor ihm standen, auf gemeine Weise. Unsere gesamte Lebensweise sei schlecht und verdorben, behauptete er.
Der Gipfel der Zumutung bestand darin, dass er wüste Drohungen über unsere Zukunft aussprach. Mit uns werde es ein schlimmes Ende nehmen! Er redete so, als stünde das Ende der Welt ganz nahe bevor. Geradezu Weltuntergangsstimmung verbreitete er – zwar nicht bei mir, aber meine Kinder begannen, sich zu fürchten.

Wenn ich jetzt darüber nachdenke fällt mir auf, dass er in seinen Aussagen so grundsätzlich, so radikal war. Auch wenn wir uns – was er uns gar nicht zutraue – noch ändern würden: das Unheil über unseren Köpfen sei nicht mehr aufzuhalten.

Dieser Mann ist sicher verrückt. Ja, er muss verrückt sein! Entweder ist er ein Irrer oder ein nicht zu bremsender Weltverbesserer. Was ungefähr auf das Gleiche hinausläuft.

Ich gebe ihm keine Chance.
Aber seine Worte gehen mir nicht aus dem Kopf.
Sie haben mich getroffen.
Ich frage mich, woher dieser Fremde das Recht nimmt, so zu reden.

Fünf vor Zwölf?

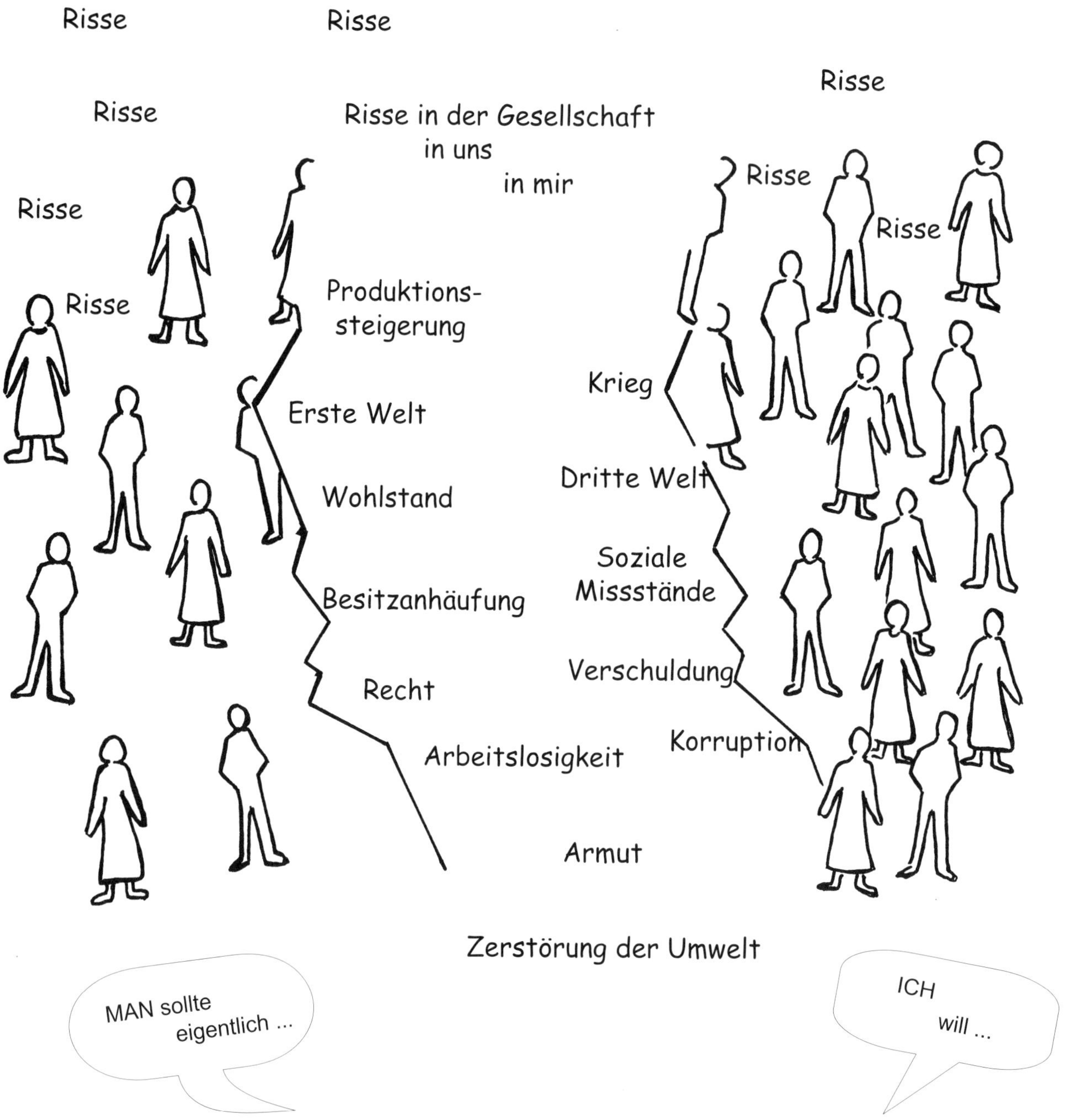

Im Kreuzfeuer

Fall II

Anklagevertreter: Hohe und einflussreiche Beamte des Königs Zidkija. Sie haben die eigentliche Macht in Händen; auch der König lässt sich von ihrer Meinung beeinflussen.

Auf der Anklagebank: Jeremia, Sohn einer Priesterfamilie aus Anatot, 4,5 km nördlich von Jerusalem; sein derzeitiger Aufenthalt: der Wachhof des königlichen Palastes; der Angeklagte ist bereits mehrmals mit dem Gesetz in Konflikt geraten: zum einen wegen religiöser Hetzreden, zum anderen aufgrund politischer Machenschaften. Er ist bereits früher zu einem Gefängnisaufenthalt verurteilt worden. Aufgrund seines hohen Alters und seiner schwachen Gesundheit wird er jedoch begnadigt.

Inhalt der Anklage: Jeremia fordert die Soldaten des Königs zur Kriegsdienstverweigerung auf und rät der Bevölkerung, sich dem chaldäischen Feind zu ergeben.

Der Strafantrag: Jeremia muss mit dem Tod bestraft werden.

Die Zeit: nach 597 v. Chr., eine Zeit der Kriegswirren: Jerusalem ist durch die Babylonier besetzt worden, die Chaldäer waren gegen Jerusalem in den Krieg gezogen; Ägypten hatte auf der Seite Judas in den Krieg eingegriffen und die Chaldäer zurückgedrängt.

Aus der Verteidigungsrede: Der Angeklagte erhielt keine Gelegenheit, sich zu verteidigen.

Im Kreuzfeuer

Fall II

Anklagevertreter: Hohe und einflussreiche Beamte des Königs Zidkija. Sie haben die eigentliche Macht in Händen; auch der König lässt sich von ihrer Meinung beeinflussen.

Auf der Anklagebank: Jeremia, Sohn einer Priesterfamilie aus Anatot, 4,5 km nördlich von Jerusalem; sein derzeitiger Aufenthalt: der Wachhof des königlichen Palastes; der Angeklagte ist bereits mehrmals mit dem Gesetz in Konflikt geraten: zum einen wegen religiöser Hetzreden, zum anderen aufgrund politischer Machenschaften. Er ist bereits früher zu einem Gefängnisaufenthalt verurteilt worden. Aufgrund seines hohen Alters und seiner schwachen Gesundheit wird er jedoch begnadigt.

Inhalt der Anklage: Jeremia fordert die Soldaten des Königs zur Kriegsdienstverweigerung auf und rät der Bevölkerung, sich dem chaldäischen Feind zu ergeben.

Der Strafantrag: Jeremia muss mit dem Tod bestraft werden.

Die Zeit: nach 597 v. Chr., eine Zeit der Kriegswirren: Jerusalem ist durch die Babylonier besetzt worden, die Chaldäer waren gegen Jerusalem in den Krieg gezogen; Ägypten hatte auf der Seite Judas in den Krieg eingegriffen und die Chaldäer zurückgedrängt.

Aus der Verteidigungsrede: Der Angeklagte erhielt keine Gelegenheit, sich zu verteidigen.

Im Kreuzfeuer

Fall II

Anklagevertreter: Hohe und einflussreiche Beamte des Königs Zidkija. Sie haben die eigentliche Macht in Händen; auch der König lässt sich von ihrer Meinung beeinflussen.

Auf der Anklagebank: Jeremia, Sohn einer Priesterfamilie aus Anatot, 4,5 km nördlich von Jerusalem; sein derzeitiger Aufenthalt: der Wachhof des königlichen Palastes; der Angeklagte ist bereits mehrmals mit dem Gesetz in Konflikt geraten: zum einen wegen religiöser Hetzreden, zum anderen aufgrund politischer Machenschaften. Er ist bereits früher zu einem Gefängnisaufenthalt verurteilt worden. Aufgrund seines hohen Alters und seiner schwachen Gesundheit wird er jedoch begnadigt.

Inhalt der Anklage: Jeremia fordert die Soldaten des Königs zur Kriegsdienstverweigerung auf und rät der Bevölkerung, sich dem chaldäischen Feind zu ergeben.

Der Strafantrag: Jeremia muss mit dem Tod bestraft werden.

Die Zeit: nach 597 v. Chr., eine Zeit der Kriegswirren: Jerusalem ist durch die Babylonier besetzt worden, die Chaldäer waren gegen Jerusalem in den Krieg gezogen; Ägypten hatte auf der Seite Judas in den Krieg eingegriffen und die Chaldäer zurückgedrängt.

Aus der Verteidigungsrede: Der Angeklagte erhielt keine Gelegenheit, sich zu verteidigen.

Im Kreuzfeuer

Fall II

Anklagevertreter: Hohe und einflussreiche Beamte des Königs Zidkija. Sie haben die eigentliche Macht in Händen; auch der König lässt sich von ihrer Meinung beeinflussen.

Auf der Anklagebank: Jeremia, Sohn einer Priesterfamilie aus Anatot, 4,5 km nördlich von Jerusalem; sein derzeitiger Aufenthalt: der Wachhof des königlichen Palastes; der Angeklagte ist bereits mehrmals mit dem Gesetz in Konflikt geraten: zum einen wegen religiöser Hetzreden, zum anderen aufgrund politischer Machenschaften. Er ist bereits früher zu einem Gefängnisaufenthalt verurteilt worden. Aufgrund seines hohen Alters und seiner schwachen Gesundheit wird er jedoch begnadigt.

Inhalt der Anklage: Jeremia fordert die Soldaten des Königs zur Kriegsdienstverweigerung auf und rät der Bevölkerung, sich dem chaldäischen Feind zu ergeben.

Der Strafantrag: Jeremia muss mit dem Tod bestraft werden.

Die Zeit: nach 597 v. Chr., eine Zeit der Kriegswirren: Jerusalem ist durch die Babylonier besetzt worden, die Chaldäer waren gegen Jerusalem in den Krieg gezogen; Ägypten hatte auf der Seite Judas in den Krieg eingegriffen und die Chaldäer zurückgedrängt.

Aus der Verteidigungsrede: Der Angeklagte erhielt keine Gelegenheit, sich zu verteidigen.

Im Kreuzfeuer

Fall I

Anklagevertreter: Amazja, Oberpriester von Bet-El, Repräsentant einer in königlichem Dienst stehenden Priesterschaft, die den freien prophetischen Bewegungen sehr zurückhaltend, wenn nicht gar feindlich gegenübersteht. Amazja ist ein mächtiger Mann und hat schon etliche Male das Urteil über Prophetinnen und Propheten gesprochen, die kritische und umstürzlerische Gedanken verbreitet hatten.

Auf der Anklagebank: Amos, ein Schafzüchter und Bauer aus Tekoa, einer Ortschaft im judäischen Bergland, 18 km südlich von Jerusalem gelegen. Er bezeichnet sich selbst als »Seher«.

Inhalt der Anklage: Amos wird der Einmischung in politische und religiöse Angelegenheiten des Staates Israel und damit der Verschwörung gegen den hochverehrten König Jerobeam II. bezichtigt.

Der Strafantrag: Amos wird es unter Strafandrohung untersagt, im Reichsheiligtum im Staat Israel als Prophet aufzutreten. Er wird des Landes verwiesen. Es steht jedoch nichts dagegen, dass er der prophetischen Tätigkeit in seinem Land, im Staate Juda, nachgeht.

Die Zeit: um 760 v.Chr., Regierungszeit des Königs Jerobeam II. von Israel und des Königs Usija von Juda. Es ist eine Zeit wirtschaftlicher Blüte und eine Zeit des Friedens.

Aus der Verteidigungsrede: »Ich bin kein Prophet und kein Prophetenschüler. Ich bin Viehzüchter und ziehe Maulbeerfeigen. Aber Jahwe hat mich von meiner Herde weggeholt und zu mir gesagt: Geh und rede als Seher zu meinem Volk Israel!«

Fall II

Anklagevertreter: Hohe und einflussreiche Beamte des Königs Zidkija. Sie haben die eigentliche Macht in Händen; auch der König lässt sich von ihrer Meinung beeinflussen.

Auf der Anklagebank: Jeremia, Sohn einer Priesterfamilie aus Anatot, 4,5 km nördlich von Jerusalem; sein derzeitiger Aufenthalt: der Wachhof des königlichen Palastes; der Angeklagte ist bereits mehrmals mit dem Gesetz in Konflikt geraten: zum einen wegen religiöser Hetzreden, zum anderen aufgrund politischer Machenschaften. Er ist bereits früher zu einem Gefängnisaufenthalt verurteilt worden. Aufgrund seines hohen Alters und seiner schwachen Gesundheit wird er jedoch begnadigt.

Inhalt der Anklage: Jeremia fordert die Soldaten des Königs zur Kriegsdienstverweigerung auf und rät der Bevölkerung, sich dem chaldäischen Feind zu ergeben.

Der Strafantrag: Jeremia muss mit dem Tod bestraft werden.

Die Zeit: nach 597 v. Chr., eine Zeit der Kriegswirren: Jerusalem ist durch die Babylonier besetzt worden, die Chaldäer waren gegen Jerusalem in den Krieg gezogen; Ägypten hatte auf der Seite Judas in den Krieg eingegriffen und die Chaldäer zurückgedrängt.

Aus der Verteidigungsrede: Der Angeklagte erhielt keine Gelegenheit, sich zu verteidigen.

Zeichen setzen

Schweigend stehen sie vor dem Flughafengebäude, etwa zwanzig junge Menschen. Sie halten Plakate:
»Stoppt die Abschiebung von Asylsuchenden!«

Viele gehen vorbei. Die einen kommentarlos, mit den Gedanken irgendwo anders, einzelne zustimmend, andere mit musterndem, aufdringlichem Blick, den Kopf schüttelnd.

Habt ihr nichts Besseres zu tun? Eure Schilder: Was sind sie –
nur Ballast!

Da stehen sie auf dem Platz vor dem Dom. Sie demonstrieren und diskutieren:
Versöhnung, Verständigung, keine Gewalt, nie wieder Krieg, nie wieder sinnloses Gemetzel, nie wieder für ... Wofür?

Habt ihr nichts Besseres zu tun? Eure Forderungen: Was sind sie –
nur Ballast!

Sie haben sich vor einem Großforschungslabor postiert. Sie verteilen Infoblätter, laden zu Informationsveranstaltungen ein. Sie fragen:
Wem dient die Manipulation der Gene? Wer hat den Nutzen, wer den Schaden? Ist das der Fortschritt, der uns Zukunft bringt?

Habt ihr nichts Besseres zu tun? Eure Fragen: Was sind sie –
nur Ballast!

Auch sie gehen auf die Straße: Obdachlose, Berber, Stadtstreicherinnen.
Sie verkaufen ihre Zeitschrift – zu einem Spottpreis:
Wir sind nicht Abschaum, wir sind nicht letzter Dreck. Fragt nach den Gründen, fegt nicht einfach weg!

Habt ihr nichts Besseres zu tun? Hier zählen Arbeit, Leistung und Erfolg. Euer Betteln –
nur Ballast!

Sie haben sich vor dem Arbeitsamt gruppiert. Langzeitarbeitslose und Jugendliche, die einen Ausbildungsplatz suchen. Sie halten Transparente:
Recht auf Arbeit, Recht auf persönliche Entfaltung, Recht auf Ausbildung, Recht auf Menschsein!

Habt ihr nichts Besseres zu tun? Gebt euch zufrieden. Euer Bitten –
nur Ballast!

EURE SÖHNE UND TÖCHTER WERDEN PROPHETEN UND PROPHETINNEN SEIN! EURE ALTEN WERDEN TRÄUME HABEN. EURE JUNGEN LEUTE WERDEN TRÄUME HABEN. AUCH ÜBER EURE KNECHTE UND MÄGDE WERDE ICH MEINEN GEIST AUSGIEẞEN IN JENEN TAGEN. ABER ES WIRD GESCHEHEN, DASS ICH MEINEN GEIST AUSGIEẞE ÜBER ALLES ... (Joel 3,1)

Erläuterungen und methodische Anregungen

Das **Titelbild** unterstreicht die Überschrift dieses Kapitels: Gegenwind. Ein Mann und eine Frau stellen sich ihm mit ihrem ganzen Körper entgegen. Wer oder was erzeugt diesen Gegenwind? Was wollen die beiden erreichen? Werden sie genug Kraft und Durchhaltevermögen aufbringen?

- in PartnerInarbeit Fragen an das Bild stellen
- Fragen und mögliche Antworten als Wandzeitung gestalten
- das Bild schweigend betrachten, den ersten Eindruck auf einem Blatt Papier festhalten; dieses wird jeweils weitergereicht und durch die Eindrücke der anderen ergänzt
- einen Titel für das Bild suchen
- die Haltung der beiden pantomimisch nachstellen und die Erfahrungen austauschen.

Der Text **»Sehen, was wirklich ist«** versucht, die heute weithin unbekannte Prophetin Hulda (um 620 v. Chr.) zu charakterisieren. Neben Mirjam (Ex 15,20f.; Num 12), Debora (Ri 4 und 5), der Frau des Jesaja (Jes 8,3) und Noadja (Neh 6,14) ist Hulda eine der wenigen Prophetinnen, deren Name und/oder Wirken überliefert wurde. Zwar ist die Nachricht über sie recht spärlich; dennoch stellt sie eine bemerkenswerte Frau vor, die etwas zu sagen hat. Es ist wichtig, dass Schülerinnen und Schüler kluge und mutige Frauengestalten der Bibel kennen lernen, um so die meist nicht reflektierte Vorstellung zu korrigieren, die Geschichte Israels werde nur von Männern bestimmt. Überdies ist es, entwicklungspsychologisch gesehen, für Mädchen bedeutsam, weibliche Identifikationsfiguren kennen zu lernen und sich mit ihnen auseinander zu setzen.

- die Sehweise der Prophetin beschreiben: Was bedeutet es, »tiefer« zu sehen?
- überlegen, von welcher Schuld im Text 2 Kön 22,11-20 die Rede sein könnte
- zusammenstellen, wo in der Geschichte bis heute begangenes Unrecht in seinen Konsequenzen bis in die Zukunft wirkt (z.B. Folgen von Kriegen, Umweltsünden, Verelendung der sog. Dritten Welt; Geschichtsbücher zu Rate ziehen).

Die Erzählung von einem **»hergelaufenen Fremden«**, der ganz offensichtlich »Gegenwind« erzeugt, ist in ihrer Formulierung so offen, dass sie theoretisch an vielen Orten und zu allen Zeiten vorstellbar bleibt. Je nach Situation wird solches Verhalten unterschiedliche Gründe haben. Das Material für die Erzählung ist dem Amos-Buch entnommen, auf das sich auch Fall I auf S. 71 bezieht.

- mögliche Ursachen und Gründe für solches Auftreten zusammenstellen
- bedenken, woher das Recht und die Kraft rühren, sich öffentlich so zu verhalten
- in arbeitsteiliger Gruppenarbeit einige Textabschnitte aus dem Amos-Buch unter folgenden Aspekten befragen: Vor welchen Personengruppen tritt Amos auf? (Am 4,1; 5,7.10-12; 8, 4-6) Was ist sein Anliegen? (Am 5,4; 6,8-11; 9,8b.13-15) Wie begründet er sein Auftreten? (Am 7,14f. sowie die Einleitungen zu den Visionen: »Folgendes ließ mich schauen Jahwe«)
- die Situation des Amos mit jener der Prophetin Hulda vergleichen.

Nicht nur zur Zeit der biblischen Prophetinnen und Propheten war es **»fünf vor zwölf«**. Auch heute müssen wir feststellen, dass nicht mehr viel Zeit für durchgreifende Veränderungen zugunsten einer gerechteren Zukunft bleibt – sei es hinsichtlich wirtschaftlicher, sozialer oder gesamtpolitischer Entwicklungen oder sei es in Bezug auf die eigene, fragwürdige Lebensweise. Vielfach ist unsere Gesellschaft gespalten, wenn es um die Lösung der hier angesprochenen Probleme geht. Wir neigen dazu, vehement zu fordern: MAN sollte eigentlich ... Seltener dagegen heißt es: ICH will ...

- der Frage nachgehen, ob es die behaupteten Risse wirklich gibt
- sich selbst die Uhr stellen (wieviel Zeit habe ich noch, um ...) und das Ergebnis begründen
- weitere Risse sprachlich benennen

* die Satzanfänge »Man sollte eigentlich ... » und »Ich will ...« ergänzen
* ein Pro- und Kontra-Gespräch entwickeln: Es ist »fünf vor zwölf«
* heutige Anzeichen für die Behauptung, es sei »fünf vor zwölf« mit denen zur Zeit des Amos oder Huldas vergleichen.

Prophetisches Handeln fordert auf zur Stellungnahme. Diese ist häufig von Ablehnung, Feindseligkeit oder Aggressivität geprägt. Biblische Prophetinnen und Propheten haben diese Erfahrung machen müssen, sind ins **»Kreuzfeuer«** geraten. Exemplarisch werden zwei (fingierte) Gerichtsszenen skizziert: das Gericht über Amos (insbes. Am 7,10-16, vgl. dazu auch S. 69, »Ein hergelaufener Fremder«) und die Lynchjustiz an Jeremia (Jer 37,11-38,13).

* in arbeitsteiliger Gruppenarbeit je einen Fall bearbeiten und als Rollenspiel präsentieren
* eine Verteidigungsrede für Amos bzw. für Jeremia entwerfen
* einen Fall konstruieren, der eine ähnliche Situation in heutiger Zeit zeigt.

Zeichenhandlungen sind eindrücklicher als Worte. Wo sprachliche Äußerungen verhallen und ihre Wirkung verfehlen, kann der Einsatz von Zeichenhandlungen »aufhorchen« lassen und zur Provokation werden. Gerade in einer reizüberfluteten Welt wie der unseren sind sie geeignet, Menschen zum Stehenbleiben, zur Stellungnahme zu bewegen. Zeichenhandlungen sprechen aus sich selbst und erschließen eine Tiefendimension von Wirklichkeit, die sinnlich und sinnenhaft erfahrbar wird. Hier liegt auch ihre Ambivalenz, denn die Erschließung von Tiefendimensionen kann sowohl heilende als auch zerstörerische Kraft hervorrufen. Zeichenhandlungen gehören zur prophetischen Botschaft; sie öffnen und schärfen den Blick für das Gegenwärtige wie das Zukünftige. Da diese Handlungen dem Propheten oder der Prophetin von Gott aufgetragen werden, sind auch diejenigen, die sie ausführen, nicht von ihrer Wirkung ausgenommen.
Prophetisches Handeln ist davon bestimmt, soziale, religiöse oder politische Missstände deutlich zu benennen. Dies ist jedoch nur ein Aspekt der Prophetie; ein zweiter kommt hinzu: Das Bewusstsein der Frauen und Männer, dass sich ihr Reden und Tun allein von göttlichem Anspruch her legitimieren lässt. Schon in alter Zeit stellte sich daher die Frage nach »wahren« oder »falschen« Propheten. Diese Frage ist auch heute immer wieder zu klären. Im biblischen Sinne ist Prophet oder Prophetin, – der / die sich von Gott anrufen lässt; – der / die bereit ist, das Gewohnte hinter sich zu lassen und sich verändern zu lassen; – der / die bereit ist, das Wort Gottes weiterzusagen. Diese Kriterien sind auch an die Menschen anzulegen, die heute **»Zeichen setzen«**. Die Konfrontation mit Joel 3,1 soll dazu anregen. Unter welchen Bedingungen ist bei den genannten Beispielen »Gottes Geist« mit im Spiel? (s.a. im Anhang S. 97 »Prophetinnen und Propheten im 20. Jahrhundert«)

* über die Wirkung von Zeichenhandlungen auf die eigene Person sprechen
* Fragen an die Menschen formulieren, die Zeichenhandlungen setzen
* in der Gruppe klären, zu welchen Zeichenhandlungen die Einzelnen bereit sind
* ein Pro- und Kontra-Gespräch über den Sinn heutiger Zeichenhandlungen führen
* die Anfrage »Habt ihr nichts Besseres zu tun ...« aufgreifen und begründen
* weitere aktuelle Probleme aufgreifen und wie die angeführten Beispiele ausformulieren
* sich bei modernen Liedermachern umsehen und ihre Sichtweise der Probleme analysieren
* selbst ein Lied texten und ggf. komponieren.

Ausdrücklich eingegangen in die Verkündigung ist Simeon, der als einer der Ersten die Bedeutung Jesu erkennt (vgl. Lk 2,25-32). Kaum beachtet dagegen wurde die einzige Frau im Kanon des Zweiten Testaments, die als »Prophetin« bezeichnet wird: **Hanna** (vgl. Lk 2,36-40). Dies ist umso bedeutsamer, als das Zweite Testament sonst über das prophetische Wirken von Frauen eher zurückhaltend oder gar negativ spricht. Die Prophetin Hanna, eine Frau jüdischer Abstammung, angesehen aufgrund ihres hohen Alters und geachtet wegen ihrer Frömmigkeit, tritt im Jerusalemer Tempel als glaubwürdige Zeugin der Messianität Jesu auf. Das Gespräch mit Hanna soll diese Frau in Erinnerung rufen.

* nach Frauengestalten suchen, die Hanna ähnlich sind.

Wissenswertes Wissenswertes Wissenswertes

Prophetie

Das Erste Testament überliefert das Wirken zahlreicher Prophetinnen und Propheten. Diese Überlieferungen bestehen zum einen in Erzählungen über einzelne prophetische Gestalten, zum anderen in Schriften, die den sog. »Schriftpropheten« zugeschrieben werden.

Die Botschaft der Prophetinnen und Propheten ist dadurch bestimmt, dass sie an konkrete Ereignisse der jeweiligen geschichtlichen Gegenwart anknüpfen. Dabei sind sie fest davon überzeugt, dass Gott auf die Geschichte der Menschen Einfluss nimmt.

Die prophetische Botschaft erfolgt oft sehr spontan und ist sehr eindringlich. Vielfach widerspricht sie auch den Erwartungen der Menschen. Ungeschönt und daher oft mit harten und deutlichen Worten machen die Prophetinnen und Propheten auf soziale Ungerechtigkeit, falsche Politik und selbstgerechte Religiosität aufmerksam. Dabei nehmen sie auch in Kauf, dass sie verspottet, misshandelt, vor Gericht gestellt und verurteilt werden.

Heute gelten Frauen und Männer als Prophetinnen oder Propheten, wenn sie es wagen, »gegen den Strom zu schwimmen« und sich – wie ihre Vorbilder in der Bibel – gegen Ungerechtigkeit, Egoismus und allzu große Selbstsicherheit der Menschen wenden. Auch heutige Prophetinnen und Propheten sind religiöse Menschen.

Berufung

Die Prophetinnen und Propheten verstehen sich als Botschafterinnen und Botschafter Gottes. Sie beanspruchen, das Wort Gottes zu verkünden. Die Rechtfertigung dafür beziehen sie aus ihrer »Berufung«. Sie sind fest davon überzeugt, dass Gott in der Welt und in ihnen spürbar anwesend ist und ihnen den Mut und die Kraft für ihre Aufgabe gibt.

Oftmals fühlen sich die Prophetinnen und Propheten auch hilflos und überfordert. Doch dann spüren sie, dass Gott ihnen nahe ist und sie stützt.

Verkündigungsschema

Die Verkündigung des Wortes Gottes folgt jeweils einem festen Schema:

– Botenformel (So spricht Jahwe; Spruch Jahwes);

– Botenspruch (Inhalt der Verkündigung, z. B. Schelte, Drohung, Anklage, Warnung, Heil).

Amos

Dieser Schriftprophet tritt um die Mitte des 8. Jh. v. Chr. im Nordreich auf. Er stammt aus Tekoa im Südreich und ist eigentlich Hirte und Bauer.

Amos verkündet seine Botschaft in einer Zeit relativer politischer Ruhe und wirtschaftlichen Wohlstands. Allerdings ist seine Zeit durch sozialen Umbruch gekennzeichnet: Von der günstigen wirtschaftlichen Lage haben vor allem die Beamten und die Besitzenden profitiert. Die einfache Bevölkerung dagegen zahlt den Preis für den Luxus der Wohlhabenden mit Verarmung und Verelendung. Die Anklagen des Amos betreffen:

– die Schuldsklaverei und die Pfändung des Existenzminimums (2,6ff.);

– den Missbrauch des Rechtswesens (5,10ff.);

– den Kornwucher in Zeiten der Not (8,5);

– die prächtigen Tempelfeiern (5,21ff.).

So kritisiert Amos gleichermaßen politisches, soziales und religiöses Verhalten. Dabei macht er darauf aufmerksam, dass Politik, soziales Verhalten und religiöse Praxis eng zusammengehören. Wo immer Egoismus und falsche politische Entscheidungen herrschen, hilft auch der feierlichste Gottesdienst nichts!

Amos richtet sich an das Volk Israel, besonders an die reiche Oberschicht, aber auch an die Nachbarstaaten, die sich ähnlich verhalten.

Jeremia

stammt aus einer Priesterfamilie in Anatot und wurde wohl im Jahr 650 v. Chr. geboren. Er wird 627/6 zum Propheten berufen und nimmt zu den politisch-religiösen Aktivitäten des Königs Joschija Stellung. Nach 609 wendet sich seine Verkündigung gegen den falschen Tempelglauben (man war überzeugt, dass man automatisch – unabhängig vom Verhalten – im Tempel geborgen sei). Jeremia verkündet den Untergang Jerusalems; diese Ankündigung tritt 597 ein. Nach seiner Tempelrede entgeht er nur knapp der Bestrafung. Unter König Zidkija wird der Prophet inhaftiert und in eine Zisterne geworfen, aus der er erst durch die Babylonier befreit wird.

Jeremia beschreibt in den sog. Bekenntnissen seine Not und bringt sie vor Gott.

HANNA,
du stehst an der Schwelle,
hochbetagt an der Schwelle deines Lebens,
an der Schwelle einer neuen Zeit.

Du legst Zeugnis ab.
Prophetisch redest du.
Siehst in dem Kind die Hoffnung Israels.
Du bist sicher: Das Sehnen und Warten deines Lebens hat sich erfüllt.
Dafür lobst und dankst du Gott.

HANNA,
Prophetin wirst du genannt:
Künderin einer wichtigen Botschaft.
Deine Botschaft ist nicht nur das eine Wort, das von dir überliefert wurde.
Deine Botschaft ist dein Leben
und nur im Leben kann sie nachvollzogen werden.

Dein Leben, ein Leben im Verborgenen.
Schnell ist es aufgesagt:
Kind, junges Mädchen, Ehefrau, Mutter, Witwe.
Hoch ist die Zahl deiner Lebensjahre.
Sieben mal zwölf Jahre sind es.
Sieben und zwölf sind heilige Zahlen,
verweisen auf Vollkommenes, Rundes, Heiliges.
Sieben mal zwölf Jahre verweisen auf die Heiligkeit und Vollkommenheit deines Lebens.

Zurückgezogen, nach innen gekehrt,
hast du die meisten Jahre deines Lebens verbracht.
Nach innen gekehrt, aber offen für Gott,
offen für Gottes leise Töne.
Sensibel bist du geworden und hellsichtig.
Du siehst klarer und tiefer als andere.
Du erkennst das Zeichen der Zeit:
im neugeborenen Kind
die Verkörperung der Gegenwart Gottes.

Ein außergewöhnliches Verhalten

wertschätzen – missbrauchen

Leitmotiv

SICH TREU BLEIBEN		
Verantwortung	Überzeugung	Gottvertrauen

Intentionen

- sich angesichts des konkreten gesellschaftlichen Umfeldes der persönlichen Situation bewusst werden und den daraus entstehenden Anspruch an die eigene Person wahrnehmen
- sich der Möglichkeiten bewusst werden, eigene Überzeugungen in die Tat umzusetzen
- sich glaubend darauf einlassen, dass ein überzeugend verantwortetes Leben nur in der Rückbindung an ein tragfähiges Fundament geführt werden kann

Worum es geht

Die Beschäftigung mit großen Gestalten der Geschichte ist Teil des Vorbildlernens. Sie kann Anreiz sein, eigene Wertkonzepte zu entwickeln und das Wirklichkeitsverständnis zu vertiefen. Im Blick auf das religiöse Lernen und die Übernahme christlicher Werthaltungen ist diese Form des Lernens von großer Bedeutung. Prägende Einflüsse durch religiös-christlich orientierte Vorbilder sind daher für die religiöse Sozialisation der Heranwachsenden unverzichtbar.

Die Schülerinnen und Schüler dieser Altersstufe sollen zu Werthaltungen gelangen, die ihnen ein erfülltes Leben ermöglichen. Dazu ist es notwendig, den Blick für das soziale und gesellschaftliche Umfeld immer neu zu schärfen. Nur auf diese Weise ist es möglich, den eigenen Platz und die ureigenen Aufgaben in dieser Gesellschaft herauszufinden. Dies gelingt auf Dauer aber nur, wenn die Jugendlichen sich verwurzeln können, wenn sie teilhaben und teilnehmen können an einer gemeinsamen Wertorientierung: durch die Beziehung zu Personen (z.B. Eltern), zu Gruppen, Institutionen (z.B. Schule, RU) und in der Auseinandersetzung mit Persönlichkeiten, die auf überzeugende Weise vorgelebt haben, wie Leben gelingen kann.

Anhand der hier vorgestellten Beispiele großer Gestalten des Christentums können die Schülerinnen und Schüler erkennen, wie Menschen in bestimmten Situationen und auf unterschiedliche Art und Weise sich ihrer Lebensaufgabe gestellt haben. Allen ist gemeinsam, dass sie in Verantwortung gegenüber ihren Mitmenschen und in Rückbindung an Gott auf überzeugende Weise etwas bewegt und positiv verändert haben – und sich dabei selbst treu geblieben sind.

Pauline von Mallinckrodt (1817-1881)

Biographische Daten / Hintergrundinformation

um 1830: Aachen
Wie in anderen Städten ist auch hier die Not groß; vor allem unter den Familien der Fabrikarbeiterinnen und -arbeiter.
Pauline stammt aus einer wohlhabenden Familie. Mit ihrer Mutter besucht sie Arme, Kranke und Hilfsbedürftige. Sie zweigt manches von ihrem Taschengeld ab, besonders um Kindern eine Freude zu bereiten.

1839/1840: Paderborn / Gut Boedeken
Pauline von Mallinckrodt schließt sich einem Frauenverein an, der die häusliche Pflege von Armen und Kranken zum Ziel hat. Neben der Verantwortung für das Hauswesen (die Mutter ist gestorben) und der Erziehung der Geschwister widmet sie jede freie Minute dieser Arbeit.
Täglich trifft sie auf die Kleinkinder armer und kranker Mütter, die in unbeschreiblichem Elend leben: Unterernährt, mehr oder weniger selbst krank, vegetieren sie dahin, häufig sich selbst oder älteren Geschwistern überlassen. Dieses Kinderlos berührt sie so sehr, dass sie eine »Kinderbewahranstalt« gründet. In ihr werden bereits nach kurzer Zeit etwa 80 Kinder beköstigt und betreut. Um deren Wohlergehen besorgt, mobilisiert Pauline alle Kräfte, politische Stellen und Privatinitiativen.

Sommer 1843: Reise mit den Geschwistern
Pauline von M. besucht, während ihre Geschwister die Sehenswürdigkeiten der großen europäischen Städte besichtigen, alle erreichbaren caritativen Einrichtungen. Sie verschafft sich konkrete Einsichten in deren Organisation, in Finanzierungsmöglichkeiten, Bau- und Einrichtungsweisen bis in die kleinste technische Einzelheit. Mit besonderer Aufmerksamkeit studiert sie die unterschiedlichen Methoden der Erziehung und Ausbildung von Blinden. Sie fragt nach Unterrichtsmethoden, Lehr- und Lernmitteln sowie nach handwerklichen Tätigkeiten für Blinde.

1842-1847: Gründung des Blindeninstituts
Paulines besondere Liebe gehört den Blinden. So setzt sie sich verstärkt für die Gründung einer Blindenanstalt ein. Es beginnen zähe Verhandlungen mit den Behörden. 1845 stimmen die zuständigen Behörden der Gründung einer Anstalt in Soest (ev.)

Tagebuchnotizen / Briefe

»Wie empfand ich mit neuer Lebhaftigkeit den Wunsch, Gott in seinen Armen und Kranken zu dienen ...«
»Alle, die äußerlich und innerlich verworfen sind, sollen doppelten Anspruch auf meine Liebe haben, seien es Greise oder Kinder, Blinde oder Sehende, Arme oder Kranke ...«

»Wir sind hier in Tätigkeit für einen Wohltätigkeitsverein, ... du kannst dir denken, dass ich mich recht lebhaft dafür interessiere. Es waren manche Schwierigkeiten zu beseitigen ... Die Armenkommission war eigentlich auf diesen Frauenverein nicht gut zu sprechen. Wir haben unser Wirken dadurch eröffnet, dass wir ... den Präsidenten der Armenkommission gebeten haben, das Protektorat zu übernehmen ... und ein Brief an die Kommission selbst, ... uns als ihren Hilfsverein zu betrachten ... Drittens den Oberpräsidenten von Vincke ... um seine Bestätigung nachgesucht.« – »Gott hat uns bei ihrer Einrichtung so geholfen und sie so gesegnet, dass ich es für sehr Unrecht hielte, nicht für ihr dauerndes Fortbestehen zu sorgen ...« Die Frauen gründen die »reinste Strickschule, damit ein Kinderstrümpfchen nach dem anderen und für jedes Kind ein neues Kleid entsteht ... die Kinder nicht mehr frieren ...«

»Die ganze Erscheinung (Berliner Militärwaisenhaus) scheint zu streng militärisch ...«

»Auf Lesen und Schreiben wird wenig gehalten. Kopfrechnen wird dem Tafelrechnen vorgezogen. Musik wird viel betrieben. Religionsunterricht, vaterländische Geschichte, Geographie und die übrigen Unterrichtsgegenstände.« (Prag) Es müsste »durchaus möglich sein, dass viele Blinde sich, von Sehenden unterstützt, einen bedeutenden Teil des Lebensunterhalts herbeischaffen.« (Wien)

»Niemand ist froher als ich, dass zwei Anstalten entstehen, ... dass für alle Blinden gut gesorgt wird ... Es wird uns eine besondere Freude sein, wenn die Paderborner der Soester (Einrichtung) zu Diensten sein kann ...« »Einigkeit macht stark ... Wir haben uns ... Versicherungen des Zusammenwirkens gegeben.«

und in Paderborn (kath.) zu. Nun müssen weitere Schritte geklärt werden: Kauf eines geeigneten Hauses, Sorge für den Unterricht und die Pflege der Blinden, Verhandlungen mit den Behörden. Für diesen Zweck wird die »Ständische Kommission« gegründet. Um die Entwicklung zu beschleunigen, ergreift Pauline von M. immer wieder selbst die Initiative. Sie kauft eigenmächtig ein passendes Grundstücks, investiert eigenes Vermögen und bemüht sich um geeignete Mitarbeiterinnen. Im Juni 1847 kann die Blindenanstalt endlich ihrer Bestimmung übergeben werden. Bereits im Juli wird Pauline von M. zur Anstaltsleiterin ernannt.

»Der Blindenunterricht erfordert keine große Gelehrsamkeit, aber große Geduld, er fordert Liebe zur Sache wie kein anderer Unterricht. ... Die Blinden müssen namenlose Mühe aufwenden, bis sie eine Arbeit zustande bringen. Es ist ihnen wohl zu gönnen, dass sie durch freundlichen Ernst dabei ermutigt werden ... Die ersten Schwierigkeiten ... überwindet die mütterliche Geduld einer Frau weit leichter als ein Lehrer – auf weit sanftere Art. Da lässt sich nichts erzwingen, ... Ernst, Geduld, Aufmunterung sind die einzig wirksamen Mittel, um zum Ziel zu kommen.« (Brief an die Ständische Kommission)

1849: Gründung der Kongregation der Schwestern der Christlichen Liebe
Nun nehmen auch die Pläne zur Gründung einer eigenen Kongregation Gestalt an. Hauptaufgaben sollen Pflege und Unterricht der Blinden sein. Am 21. August 1849 erfolgt die Einkleidung von Pauline von M. und ihren drei Gefährtinnen. Schwester Pauline wird durch den Bischof zur Oberin ernannt. Später werden die Aufgabenbereiche der Kongregation ausgeweitet, vor allem auf alle drängenden Aufgaben der katholischen Mädchenbildung. Besonders wichtig war Pauline von M. auch eine fachliche und gute Ausbildung der Schwestern.

»Die Liebe zu den Kindern ist die beste Lehrmeisterin der Erziehung, nur jemandem, der Kinder liebt, darf man sie anvertrauen.«

»Ich fühlte es deutlich, dass Gott mich berufen würde, IHM einzig und allein und ohne Rückhalt zu dienen ...« »Diesen Entschluss hat Gott von mir haben wollen. Er hat mich dazu auf Wegen geleitet, von denen ich nicht entfernt ahnte, dass sie mich dahin führen würden ...« Ich hatte ein großes Gefühl der inneren Sicherheit, der Kraft ...« »Nichts Zaghaftes war da in mir, ein ruhiges, festes Vertrauen, dass wir ruhig voranschreiten ... in unserem neuen Beruf.«

1871: Auswirkungen des Kulturkampfes
Das staatliche Verbot aller Orden und ordensähnlichen Gemeinschaften trifft das Werk »Mutter« Paulines hart: Fast alle Niederlassungen der Kongregation werden geschlossen. Nun wird der Schwerpunkt ins Ausland verlagert: Nach Belgien, Böhmen, Liechtenstein, USA, Südamerika. Gleichzeitig kämpft Pauline hartnäckig um ihr Lebenswerk in Deutschland. Sie zögert nicht, Prozesse zu führen und immer wieder Berufung gegen Urteile einzulegen. Trotzdem verliert sie.

»Bin ich doch in Paderborn, wo ich 40 Jahre gelebt und doch niemandem Leides, wohl aber vielen, Gott sei Dank, Gutes getan habe, polizeilich aus dem Haus gewiesen, was ich mit meinem eigenen Gelde gekauft und aus dem Garten, den ich selbst angelegt habe.«
»Mutterhaus und St. Josephshaus sind verloren. Die Sache ist für uns schmerzlich und hart.«

»Wie herrlich blüht unsere Kongregation jenseits des Ozeans. Haben wir nicht buchstäblich doppelt wieder bekommen, was wir verloren haben.«

1879/80: Letzte Reisen
Trotz angegriffener Gesundheit besucht Pauline von M. noch einmal alle Schwestern in Europa und Übersee.

30. April 1881
Pauline von Mallinckrodt stirbt im Mutterhaus zu Paderborn.

»Streben Sie nach christlicher Liebe. Haben Sie ein gutes Herz für alle.«
»Sorgen Sie ja gut für Ihre Gesundheit, ... nehmen Sie sich selbst in Acht und sorgen Sie auch gut für die Leute ... Alle Menschen sind geliebte Kinder Gottes, und es ehrt Gott, wenn ihm alle in Fröhlichkeit und Treue dienen.«

Willi Graf (1918-1943)

Gefolgschaft erweist sich in der Tat, nicht nur im Hören des Wortes
Wahlspruch von Willi Graf (vgl. Jak 1,22f.)

»Angelegenheit
wird 12. Oktober 17 Uhr
erledigt.«

»Angelegenheit
ohne Zwischenfall
erledigt.«

Die Vollstreckung des Todesurteils
gegen den Nebengenannten
hat am 12. Oktober 1943
im Staatsgefängnis München Stadelheim
stattgefunden.
Der Hinrichtungsvorgang dauerte
vom Verlassen der Zelle an gerechnet
1 Minute, 11 Sekunden
von der Übergabe an den Scharfrichter
bis zum Fallen des Beiles
11 Sekunden.
Zwischenfälle oder sonstige Vorkommnisse
von Bedeutung sind nicht zu berichten.

Anklage
Der angeschuldigte Graf:
Er nahm an den Besprechungen über Flugblatterstellung teil. Er war beim Abziehen eines Flugblattes im Jahre 1943 behilflich. Er beschaffte Briefumschläge, half beim Versenden der Flugblätter und gab 50 RM für die Anschaffung von Briefmarken. Er beteiligte sich an zwei Schmieraktionen. Er versuchte in Bonn und Freiburg Gesinnungsfreunde zu werben, und übergab dem Angeschuldigten Bollinger ein Flugblatt.

Verurteilt
wegen
Hochverrat
Feindbegünstigung
Zersetzung der Wehrkraft

Der FÜHRER

Führerhauptquartier,
25. Juni 1943

Ich lehne einen Gnadenerweis ab.

Willi Graf (aus seinen letzten Briefen): »Du weißt, dass ich nicht leichtsinnig gehandelt habe, sondern dass ich aus tiefer Sorge und dem Bewusstsein der ernsten Lage gehandelt habe.« (an seine Schwester Anneliese) »Trost und Stärke findet Ihr bei Gott, darum werde ich bis zum letzten Atemzug beten, denn ich weiß, dass es für euch schwerer sein wird als für mich.« (an Eltern und Geschwister)

»Viel Zeit vergeht damit, dass ich mich mit dem Plan beschäftige. Ob das der richtige Weg ist? Manchmal glaube ich es sicher, manchmal zweifle ich daran. Aber trotzdem nehme ich es auf mich, wenn es auch noch so beschwerlich ist.« 14.1.1943 (Tagebuch)

»... ob man es verantworten könne, so lange nicht ganz sicher sei, was später komme ...« 5.12.42 (Tagebuch)

»Ich weiß heute, dass es nicht einfach eine politische Torheit war, die ihn dazu getrieben hat. Er wollte mit den anderen ein Zeichen setzen, und er wusste schon lange vorher, dass sein Leben verwirkt war. Obwohl ich wenig mehr wusste als andere, die jahrelang ins Zuchthaus gingen, so wäre mir wohl ein ähnliches Schicksal beschieden gewesen, hätte das Schweigen von Nurmi (Willi Graf) mich nicht davor bewahrt.« (Fritz Leist, 20.1.46)

»Er meinte, dass endlich etwas dagegen getan werden müsste und sprach von gleich gesinnten Freunden mit eben diesen Zielen. Da ich mir der Gefahr bewusst war, in der er stand, riet ich ihm eindringlich zur Vorsicht.« (Willi Reiter an Anneliese Knoop-Graf)

»Wir waren uns durchaus bewusst, dass das, was getan werden musste, äußerst gefährlich war und dass jeder Einzelne mit sich selbst zu Rate gehen musste, ob er bereit sei, für dieses Tun sein Leben zu opfern. Das, was wir an jenem Abend beschlossen, erschien uns von der gleichen logischen Konsequenz wie das Essen und Trinken. Die geistige Verpflichtung dazu war so bindend, dass es davon kein Entrinnen gab. An diesem Abend wurden die Chancen, ob diese geistige Revolution Erfolg haben könnte oder nicht, so nüchtern berechnet, wie in einer Mathematikstunde. Da wir aber als Christen die Überwindung des Bösen durch den Tod kannten, erschien uns der primäre Erfolg gar nicht einmal so wichtig, sondern wir glaubten, dass es an der Zeit sei, diesen geistigen Protest zu beginnen, weil unser Gewissen uns dazu verpflichtete.« (Willi Bollinger, rückblickend 1963, bezogen auf ein Gespräch am 22.1.43)

»Es war richtig, was ich und meine Freunde getan haben.«
»Ich gehe meinen Weg zum Ende und wünsche mir, dass ich ein starkes Herz bewahre.«

»... dann sei er (Willi) auf die politische Lage zu sprechen gekommen und habe die Notwendigkeit, Widerstand zu leisten, betont. Der Vater beschwor den Sohn, sich herauszuhalten, auch er, der Ältere, müsse Kompromisse eingehen. Doch Willi habe entgegnet: Es muss doch etwas getan werden, auch wenn es den Kopf kostet.« (Bericht der Schwester Mathilde nach Aussage des Vaters)

»Glaube nicht, dass bei mir alle Überlegungen glatt und gelöst seien ... Immer wieder sind Zweifel da. Es gilt immer wieder, Schritt für Schritt, auf dem Weg weiterzugehen, der sich einem aufdrängt.« (Brief an Schwester Anneliese)

»Die meisten unseres Kreises hatten ihre Erfahrungen mit der Gestapo gemacht, und es schien uns, dass die Aktion der Flugblätter und die Anschläge zu gefährlich waren, dass sie in keinem Verhältnis zu der möglichen Wirkung standen. Wir sprachen mit Willi darüber, und er blieb merkwürdig unbewegt. Es wurde uns nicht klar: Sah Willi die Gefahr nicht, oder unterschätzte er sie, oder wollte er nichts davon wissen. Dass unser Gespräch, so weit es als Warnung gedacht war, völlig erfolglos geblieben war, war uns ziemlich bewusst. Wir glaubten, so sprechen zu müssen, da wir den Freund in großer Gefahr sahen ... Aber es ist zweifellos so, dass unsere Argumente für ihn keine ausschlaggebende Bedeutung mehr gehabt haben.« (Hermann Krings, Bericht)

Wer war diese Frau?

Ihr Leben in der Zeitgeschichte

1098	Hildegard wird als zehntes, letztes Kind in eine Adelsfamilie in Bermersheim bei Alzey (Rheinland-Pfalz) geboren	1106 1096	Heinrich IV.; Investiturstreit Erster Kreuzzug
1106	inklausuriert und Jutta von Sponheim, die in einer an das Mönchkloster Disibodenberg angebauten Klause lebt, zur Erziehung übergeben		
um 1112	 verschleiert Nachfolgerin Jutta von Sponheims	1122 1123	Wormser Konkordat I. Laterankonzil
1136 1150	Neugründung eines Klosters auf dem Rupertsberg (Bingen), in das Hildegard übersiedelt	1130-1143 1139 1150	Papst Innozenz III. II. Laterankonzil Blütezeit des Burgenbaus in Deutschland
1160	erste Predigtreise	1152-1190 1158	Friedrich I. Barbarossa München erhält das Stadtrecht
um 1165	Gründung eines zweiten Klosters in Eibingen bei Rüdesheim		
1167-1170	dreijährige schwere Krankheit	1170-1220	Wolfram von Eschenbach
17.9.1179	Tod im Kloster Rupertsberg	1179	III. Laterankonzil

Ein unerhörtes Verhalten

Im Jahre 1178 ebnet eine greise Benediktinerin, ihres Zeichens Äbtissin, ein frisches Grab ein. Nach ihren Bemühungen mit einem Besen ist das Grab für eine außenstehende Person nicht mehr zu erkennen. – Was war geschehen?
Die bischöfliche Behörde in Mainz hatte das kirchliche Begräbnis eines jungen Adligen verweigert: Er sei im Kirchenbann gestorben. Hildegard jedoch wusste, dass dieser Mann sein schweres Verbrechen bereut und gebeichtet hatte und ihm die Lossprechung gewährt wurde. So befürwortete sie die Beisetzung auf dem Klosterfriedhof. Der bischöfliche Vertreter dagegen hatte einen juristischen Standpunkt vertreten: Eine Exkommunikation sei erst aufgehoben, wenn die Kirchenbehörde es bestätige. Hildegard war offiziell aufgefordert worden, die Leiche zu exhumieren und außerhalb des Friedhofs – in nicht geweihter Erde – zu verscharren.
Doch Hildegard sagt ihr »Nein«. Als der Vertreter des Bischofs kommt, ist das Grab unkenntlich gemacht. Niemand wird die Ruhe des Verstorbenen stören. Die Strafe für dieses Vergehen – das Interdikt – lässt nicht lange auf sich warten: Keine Glocke, keine Gottesdienstfeier, kein Kommunionempfang und kein Psalmengebet, und zwar für die Klostergemeinschaft.
Hildegard lässt sich dadurch nicht beeindrucken. Sie bleibt fest. Sie beschließt, zu kämpfen. Auch wenn es wehtut ...

Hildegard von Bingen wird heute als Visionärin und Prophetin, Naturforscherin und Ärztin, Briefschreiberin und Dichterin, Predigerin, Meisterin, Nonne und Schwester bezeichnet. Bernhard von Clairvaux (ca. 1090-1153) hat sie persönlich gekannt; er nennt sie einen »Adler, der in die Sonne blickt«. Sie selbst dagegen nennt sich »Federchen«.
Die von Krankheit gezeichnete Frau hat ein umfangreiches Werk von insgesamt 10 Büchern (in lateinischer Sprache verfasst) hinterlassen. Die nachfolgenden Gedanken geben einen kleinen Einblick in ihre Sicht von Gott, der Schöpfung und dem Menschen.

»Ein Klumpen Lehm – das ist Gottes große Liebe« – Gedanken über Gott und den Menschen:

»Als Gott dem Menschen ins Angesicht schaute, gefiel er ihm sehr gut.« (Welt und Mensch) »Hat doch der Schöpfer Sein Geschöpf, so wie Er es schuf, dadurch geschmückt, dass er ihm Seine große Liebe schenkte. So war alles Gehorchen der Kreatur nur ein Verlangen nach dem Kusse des Schöpfers: Und alle Welt empfing den Kuss ihres Schöpfers, da Gott ihr alles schenkte, was sie brauchte.« (Der Mensch in der Verantwortung)
»Deshalb darf die Schöpfung in inniger Liebe zu ihrem Schöpfer wie zu einem Geliebten reden.« (Der Mensch in der Verantwortung)
»Hat doch Gott das weibliche Geschlecht zum Spiegel seiner Schönheit geschaffen ..., dazu bestimmt, die ganze Schöpfung liebend zu umarmen.« (Lieder)
»Denn Er hatte die Welt erschaffen und sich mit der menschlichen Natur bekleidet ... . Daher sind alle Geschöpfe ein Hinweis auf Ihn, so wie eine Münze das Bild ihres Herrn zeigt. Gott hat die Welt erschaffen, die er bereiten wollte als eine Heimat für den Menschen. Weil Er die Menschheit anziehen wollte, machte Er den Menschen zu Seinem Bild und Gleichnis.« (Welt und Mensch)
»O Mensch, schau dir doch den Menschen richtig an: Der Mensch hat ja Himmel und Erde und die ganze übrige Natur schon in sich selbst und ist doch eine ganze Gestalt, und in ihm ist alles schon verborgen vorhanden.« (Heilkunde)
»Die Vögel, die sich in der Luft aufhalten, sind ein Sinnbild der Kraft des Menschen, durch die er sich in seinen Gedanken vieles oft vorsagt und es überlegt, ehe er es zur offenkundigen Tat werden lässt. Die Tiere aber, die auf der Erde leben, versinnbildlichen die Gedanken und Überlegungen des Menschen, die er in die Tat umsetzt. Der Löwe und die ihm ähnlichen Tiere bezeichnen den Willen des Menschen, bevor er zur Tat wird. Der Panther und die ihm ähnlichen Tiere bezeichnen das glühende Verlangen nach etwas gerade Beginnendem. Die anderen Waldtiere bezeichnen die Fülle der Möglichkeiten, die der Mensch hat, nützliche und unnütze Dinge zu vollbringen. Die zahmen Tiere auf der Erde bezeichnen die Sanftmut des Menschen, die er hat, wenn er auf dem rechten Wege ist.« (Naturkunde)

»In dir selber sollst du deine gute Erde bearbeiten, damit sie nicht unfruchtbar dahindörrt. Dazu musst du dich mit ganzer Herzkraft sammeln, auf eines konzentrieren, damit du nicht dieses dein Herz an die Wechselhaftigkeit rastloser Gesinnungen gewöhnst. Im Grunde bist du der guten Erde gleich, die häufig von angemessenem Nass durchtränkt wird, damit sie schöne und liebliche Kräuter hervorbringt.« (Heilkunde)

Gedanken zur Sexualität:

»Denn sowie der Sturm der Leidenschaft sich in einem Manne erhebt, wird er in ihm wie in einer Mühle herumgeworfen. Seine Geschlechtsorgane sind dann gleichsam die Schmiede, in die das Mark sein Feuer liefert. Dann befördert jene Schmiede die Glut zu den männlichen Geschlechtsteilen und lässt sie mächtig aufflammen. Wenn hingegen der Wind der Lust aus dem weiblichen Mark aufsteigt, gerät er ihr in die Gebärmutter, die am Nabel hängt, und lässt das Blut der Frau in Erregung geraten.« (Heilkunde)
»Die Liebe des Mannes ist im Brand der Leidenschaft wie das Feuer brennender Berge, das kaum einzudämmen ist ... . Ihre Liebe ist dem Manne gegenüber wie die ausgeglichene Wärme der Sonnenglut, die fruchtbringend wirkt im Vergleich zu jener ungeheuerlich entfachten Flamme der brennenden Wälder.« (Heilkunde)

Gedanken über Mensch und Schöpfung:

»Zum Dienst des Menschen war die Schöpfung gerufen. Keinerlei Aufruhr spürte sie in sich. Doch als der Mensch zum Ungehorsam griff und sich seinem Schöpfer widersetzte, verlor auch sie ihre Ruhe und wurde mit hineingerissen in seine Ruhelosigkeit. Große und viele Widerwärtigkeiten trägt sie nun an den Menschen heran. Wie er sich zum Bösen geneigt hat, so soll er nun durch sie gezüchtigt werden.« (Wisse die Wege)

Erläuterungen und methodische Anregungen

Ganz bewusst sind für dieses Kapitel Personen ausgewählt worden, die für die vorgesehene Altersgruppe aller Wahrscheinlichkeit nach weitgehend unbekannt sind. Vor allem aber vermitteln sie auf überzeugende Weise, dass und wie es gelingen kann, den jeweiligen Anforderungen und Herausforderungen des Lebens gerecht zu werden und ver-antwort-lich zu leben. Die ausgewählten Personen stammen aus verschiedenen Zeiten und unterschiedlichen Lebenswelten. Ein erster Blick auf ihre **Porträtbilder** macht darauf aufmerksam.

- die Bilder betrachten, sie möglichen Zeitabschnitten zuordnen und dies begründen
- nach Informationen über Mode und Kultur der jeweiligen Zeit suchen.

Pauline von Mallinckrodt (1817-1881) ist die Begründerin der Kongregation der Schwestern der Christlichen Liebe, deren Mutterhaus sich auch heute noch in Paderborn befindet. Eine nähere Beschäftigung mit dieser Frau zeigt, dass sie keineswegs »verstaubt« ist, sondern in ihrem Einfallsreichtum, Einfühlungsvermögen, sozialen Verantwortungsbewusstsein, Mut und Gerechtigkeitssinn sowie in ihrer humorigen Schlitzohrigkeit auch Menschen unserer Zeit beeindruckt. Ausgewählte Texte aus Tagebuchnotizen und Briefen Pauline von Mallinckrodts (rechte Spalte) lassen die biographischen Angaben (linke Spalte) lebendig werden. Aus beidem können die Schülerinnen und Schüler den Werdegang und die innere Entwicklung dieser Frau herauslesen.

- einen Lebenslauf zusammenstellen
- sich mit Hilfe von Geschichtsbüchern einen Überblick über die soziale Situation der Fabrikarbeiterinnen sowie über die Frauenbewegung im 19. Jahrhundert verschaffen und Informationen über den Kulturkampf zusammenstellen (s.a. im Anhang S. 99)
- beschreiben, wie sich Pauline von Mallinckrodt durch diese Situation herausfordern lässt und wie sie ihre Ver-Antwort-ung begreift
- in Einzelarbeit aus den Tagebuchnotizen und Briefausschnitten den Gedanken herausarbeiten, der persönlich am meisten betrifft und dies begründen
- zusammenstellen, wie Pauline von Mallinckrodt mit Schwierigkeiten umgeht und woher sie ihre Kraft schöpft
- in PartnerInarbeit ein fiktives Interview mit Pauline von Mallinckrodt schreiben und dieses dem Plenum vorstellen.

Willi Graf (1918-1943) übte als Mitglied der Widerstandsgruppe »Weiße Rose« Widerstand aus innerer Überzeugung. Seine persönliche Entwicklung vollzieht sich zwischen christlicher Überzeugung und Zweifel. Insgesamt steht er im Blick auf seine Pläne und Lebensentscheidungen einer eher abratenden oder gar ablehnenden Haltung im Familien- und Freundeskreis gegenüber. Seine »einsame« Entscheidung für aktiven Widerstand wird letztlich von seinem Glauben an Gott getragen. Die Dokumente auf S. 80 verdeutlichen die Menschenverachtung und den Hass des NS-Regimes und seines Systems. Das brutale Vorgehen gegen Einzelne zeugt zugleich von der Angst der damaligen Machthaber vor der inneren Überzeugungskraft aufrechter Menschen.

- die Dokumente auf S. 80 zunächst still und dann mit verteilten Rollen lesen; sich dabei der eigenen Empfindungen bewusst werden und diese in Farben ausdrücken
- Fragen an die Aussagen sammeln und notieren
- sich erkundigen, was heute unter »Hochverrat« verstanden wird
- sich aus Geschichtsbüchern Hintergrundwissen über die »Weiße Rose« verschaffen (s. a. Anhang, S. 99)
- die Beweggründe des Willi Graf (S. 81) und die Gegenargumente einander gegenüberstellen
- anhand von Beispielen belegen, wie Willi Graf seinem Wahlspruch gerecht zu werden versuchte
- einen fiktiven Brief an Willi Graf schreiben, in dem die eigenen Fragen an ihn zum Ausdruck kommen

* sich in Gruppenarbeit bewusst werden, wo heute Widerstand gefordert ist und die möglichen Konsequenzen bedenken.

Hildegard von Bingen (1098-1179) ist den letzten Jahren »in Mode gekommen«. Ihre heilkundlichen Schriften sind mittlerweile in jeder Buchhandlung zu erwerben und ein Bestseller für gesundheitsorientiert lebende Menschen. Ihre Kompositionen werden neu interpretiert und sind auf CD zum »Entspannen« oder sogar im Disco-Sound erhältlich. Doch damit wird nur ein kleiner Teil dessen sichtbar, was diese hoch begabte Frau und Christin kennzeichnet. Sie war zu ihren Lebzeiten eine weit über ihr Kloster hinaus bekannte Persönlichkeit, die vielfältige Kontakte zu einflussreichen und mächtigen Personen pflegte und auf ihren Reisen fundierte Kenntnisse der kirchlichen und politischen Situation erwarb. In ihren Predigten an den Klerus wie in ihren Briefen an Bischöfe und Kaiser nahm sie kein Blatt vor den Mund. Sie deckte Habgier und Amtsmissbrauch (vgl. Investiturstreit!), Ungebildetsein und verbrecherische Machenschaften auf und forderte dazu auf, der Heiligen Schrift entsprechend zu leben. Mehr als nur eine Episode ihres Lebens ist in dem Text **»Ein unerhörtes Verhalten«** auf S. 82 angesprochen: Indem sich Hildegard dem Bischof von Mainz widersetzte, setzte sie auch all das, was für sie und ihre Schwestern lebenswichtig war, zur Disposition. Auf S. 83 findet sich eine kleine Auswahl von Gedanken Hildegards von Bingen zu ihrem Gottes- und Menschenbild. Es ist wichtig, die Schülerinnen und Schüler darauf hinzuweisen, dass Hildegard mit diesen Aussagen ihrer Zeit weit voraus ist. Dies hat zur Folge, dass sie einerseits hoch geachtet, verehrt und als prophetische Lehrerin gesehen wird, andererseits auf taube Ohren, Unverständnis oder Ablehnung stößt. Bemerkenswert sind auch ihre Aussagen zur Sexualität, in denen vor allem die Sexualität der Frau im Vergleich zu damaligen Ansichten und Vorstellungen eine Aufwertung erfährt. (Weitere Informationen finden sich im Anhang, S. 100.)

* sich einen Überblick über die Zeitgeschichte Hildegards von Bingen verschaffen und hierbei das Verhältnis von Kirche und Staat klären
* die Begriffe Kirchenbann, Exkommunikation, Interdikt klären, die Folgen dieser Bestrafung bedenken und einen Bezug zur heutigen Zeit herstellen
* sich in Hildegard von Bingen und ihre Situation während der Dauer des Interdikts hineinversetzen und einen Brief an den Bischof von Mainz verfassen
* aus den Gedanken Hildegards die sprachlichen Bilder zur Schöpfung, zum Menschen- und Gottesbild herausschreiben
* die Aussage zum Menschen oder zur Schöpfung, die persönlich am meisten anspricht, als Bild oder Schreibbild gestalten
* Hildegards Aussagen mit biblischen und außerbiblischen Schöpfungserzählungen vergleichen
* mit eigenen Worten in sprachlichen Bildern die eigene Sicht der Schöpfung und des Menschen ausdrücken
* die Sprachbilder der Gedanken Hildegards mit Bildern aus dem Rupertsberger Kodex (z.B. Tafel 11, Die saphirblaue Gestalt) in Beziehung setzen
* die Sprachbilder mit Werken der bildenden Kunst vergleichen (z.B. Marc Chagall, Sieger Köder)
* Musik mitbringen, die diesen »Bildern« entspricht.

Lesehinweise:

Käthe Sander-Wietfeld: Pauline von Mallinckrodt. Ein Lebensbild nach ihren Briefen und Aufzeichnungen, Paderborn 1985
Willi Graf: Briefe und Aufzeichnungen, hg. von Anneliese Knoop-Graf und Inge Jens, Fischer TB, überarb. Neuaufl. Frankfurt 1994
Otto Betz: Hildegard von Bingen. Gestalt und Werk, München ²1998
Eduard Gronau: Hildegard von Bingen. Prophetische Lehrerin der Kirche an der Schwelle und am Ende der Neuzeit, Stein am Rhein 1985
Ingeborg Ulrich: Hildegard von Bingen. Mystikerin, Heilerin, Gefährtin der Engel, München 1990
Christian Feldmann: Hildegard von Bingen. Nonne und Genie, Freiburg 1995

Heilige

sind keine Figur'n aus Gips oder Stein
sind keineswegs alt und verstaubt,
besitzen auch keinen Heiligenschein,
oder haben nur das getan, was erlaubt.

Heilige

sind noch nie vom Himmel gefallen,
sind weder langweilig noch fad,
genießen selten das Wohlgefallen
der Menschen, die lieben den sturen Pfad.

Heilige

sind voll von Leben, aus Fleisch und Blut,
sind voller Ideen und Phantasie,
verlieren höchst selten ihren Mut,
verlernen ihr kritisches Fragen nie.

Heilige

sind klug, hartnäckig und unbequem,
sind wachen Auges und haben Verstand,
reden nicht so, wie's den Leuten genehm,
die Macht besitzen in Kirche und Land.

Heilige

sind Abglanz Gottes in dunkler Zeit,
sind manchmal einsam und ohne Macht,
geben ihr Leben, sind dazu bereit,
weil Hoffnung hell macht selbst die Nacht.

Heilige

sind Spiegel für Gottes gute Welt,
sind Instrumente für Gottes Musik,
bringen Liebe, wo immer sie fehlt,
sorgen für Licht, Wärme und Glück.

Heilige

sind
Menschen
wie
Du
und
Ich.

Solidarität mit der Schöpfung

träumen – realistisch sein

Leitmotiv

SICH SEHNEN		
Sorge	Gestaltungsfähigkeit	Ehrfurcht

Intentionen

- den Zustand der Erde als bedroht und unzulänglich erkennen
- Möglichkeiten des Mitwirkens an der Gestaltung der Erde erkennen und bewerten
- sich bewusst werden, dass sich die Ehrfurcht vor der Mitgeschöpflichkeit in einem besonderen Engagement für die Erhaltung der Schöpfung ausdrücken kann

Worum es geht

Schon immer faszinierte der Traum von einer idealen Welt. Wie würde die Welt aussehen, wenn wir unseren Traum von ihr umsetzen könnten? Ein Schlaraffenland, ein Paradies, der Himmel auf Erden, ein Utopia? Solchen Visionen und Bildern steht die reale Erfahrung einer Welt entgegen, die bedrohlich scheint und bedroht ist, voller Hiobsbotschaften von kranken Bäumen, aussterbenden Tierarten, Treibhauseffekt und Ozonloch. Solche Aussagen lösen Angst aus und fragen die Art und Weise des Umgangs mit dieser Welt massiv an. Die Inhalte dieses Kapitels wollen die Spannung zwischen utopischen Vorstellungen und realer Situation ausloten. Es soll darum gehen, die Möglichkeiten und das Versagen des Menschen im Umgang mit der Welt zu beleuchten. Auf dem Hintergrund jüdisch-christlichem Schöpfungsglaubens ist die Frage zu stellen: Werden (wurden) die Menschen dem Schöpfungsauftrag gerecht?
Gerade Jugendliche entwickeln heute engagierte Ideen zur Erhaltung der Welt. Hier müssen sich Erwachsene vielfach in die Rolle der Lernenden begeben und gemeinsam mit den Jugendlichen solche Ideen aufspüren, entwickeln und verwirklichen. So kann das Verantwortungsbewusstsein für die Schöpfung gestärkt werden.

Deine Welt

Wollten Sie nicht schon immer eine bessere Welt gestalten? Bauen Sie das Land ihrer Träume. In Ihrem PC wächst und gedeiht eine virtuelle Welt mit Ihren Geschöpfen – vorausgesetzt, Sie sind ein guter »Schöpfer«. Sie haben freie Hand bei der Planung. Allerdings sind Ihre Ressourcen nicht unendlich. Das Leben Ihrer Geschöpfe liegt in Ihrer Hand.

Die Menschen, die dort leben, sind freundliche Menschen. Keine Zwietracht herrscht bei ihnen. Liebevolle Worte gehen hin und her. Stets ist ihr Angesicht mit Lächeln erfüllt. Neid und Zorn kennen sie nicht. Nur Gutes ist von ihnen zu berichten.

Eva: Wer bist du?
Schlange: Ich bin die Schlange.
Eva: Aber ich kann dein Gesicht nicht sehen.
Schlange: O, ich habe viele Gesichter, so wie dieser verbotene Baum, von dem ihr nur die Sonnenseite seht: Ist die nicht herrlich anzusehen?
Adam: Doch, schon.
Schlange: Na, und, wollt ihr nicht wenigstens davon kosten? Euch werden die Augen übergehen!
Eva: Aber Gott hat es verboten. Er sagt, es würde uns nicht gut bekommen.
Schlange: Sei doch nicht so naiv! Und was ihr alles bekommt! Denkt doch mal nach: Gott hat viel eher Angst, dass ihr ihm zu nahe kommt ... Warum sonst sollte er euch den Baum verboten haben?
Adam: Vielleicht wollte Gott uns ein Zeichen setzen. Er sagte mir einmal: Du musst nicht alles machen, was du machen kannst ...
Schlange: Gewäsch! Alles Denkbare wird einmal gedacht, also muss alles Machbare einmal gemacht werden. Gott ist wahrscheinlich eifersüchtig ... Aber wenn ihr nicht mehr aus euch machen wollt – bitte, mir kann's egal sein ... (Die Schlange geht ab.)
Eva: Vielleicht hat sie Recht ...
Adam: Vielleicht will Gott uns wirklich etwas vorenthalten, was uns eigentlich zusteht ...

Lasst uns einen Menschen machen, der einem anderen gleich sei, damit er diesem diene als genetisch identischer Untermensch.
SZ v. 26.2.1997

Noch vor 30 Jahren war der Aralsee das viertgrößte Binnengewässer der Erde. In höchstens 15 Jahren wird bis auf ein paar Schlammlöcher nichts mehr davon übrig sein.
Moskau hat gesprochen:
Das Wasser der beiden Flüsse, die den See speisen, sollten umgeleitet werden auf die Baumwollplantagen im Nachbarland Usbekistan. Der ausgetrocknete Aralsee soll eine gigantische Anbaufläche für Reis und Weizen werden.
Und viele Tage später breitete sich unaufhaltsam eine Salzwüste aus, die das Klima bis nach Europa veränderte.

Einmal müssen wir die Antwort geben

auf die vielfalt der pflanzen
auf die dichte der regenwälder
auf das rauschen in den wipfeln
auf die ruhe in der natur
auf die heimat für die tiere

Einmal müssen wir die Antwort geben

Und was wird ER antworten?

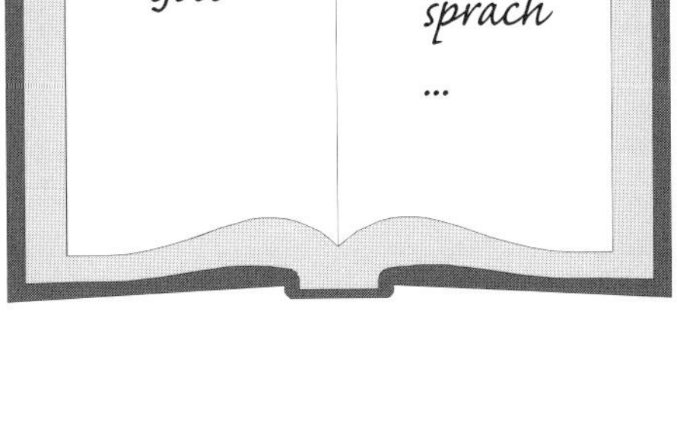

Willkommen in der Zukunft

Meine Damen und Herren, herzlich willkommen im Besuchszentrum der Genopolis AG! Mein Name ist Eugen Basteler, ich bin der Forschungsdirektor von Genopolis. Wir sind, das darf ich in aller Bescheidenheit sagen, seit etwa 2010, also seit zwei Jahrzehnten, das weltweit führende Gentechnikunternehmen. Wir beschäftigen über 2 000 Wissenschaftlerinnen und Wissenschaftler in mehr als einem Dutzend Forschungszentren und engagieren uns in der gesamten ärztlichen Wissenschaft: Voraussagende Medizin und genetische Lebensberatung, Fortpflanzung, Keimzelllagerung, Medikamente, Organhandel, Organzucht und -verpflanzung und vieles andere mehr. Ich freue mich, dass Sie den weiten Weg hierher gemacht haben, aber wir bieten Ihnen ja auch etwas Besonderes. Sie als angehende Gen-Designer werden Gelegenheit haben, persönliche Fragen zu stellen. Also fragen Sie mich, und fragen Sie ruhig kritisch; wir haben nichts zu verbergen.

Zunächst aber bitte ich Sie einmal hier durch unsere Genschleuse. Wir machen schnell eine Gencode-Karte für Sie alle. Diese tragen Sie bitte bis zum Verlassen des Werks bei sich. Am Schluss, wenn Sie sie zurückgeben, bekommen Sie als kleines Präsent unseres Hauses Ihren persönlichen Genpass ausgehändigt.

Sie haben so einen Pass zwar schon bei Ihrer Geburt bekommen, aber Sie wissen ja, der ist gesetzlich auf Gene mit Krankheitswert beschränkt. Wir können aber natürlich viel mehr feststellen, das werden Sie dann sehen. Vielleicht kommt ja heraus, dass Sie sich mehr als Tischler oder als Konzertpianistin eignen, oder dass Sie sich vor der Polizei in Acht nehmen müssen von wegen Kleptomanie! Aber keine Angst, wir sind nicht mit dem Intercop-Computer verbunden!

Das hier ist das Herzstück der Anlage, unser neuer DNA-Chip; hier 50fach vergrößert. Damit können wir 1 000 Gene parallel untersuchen, das sind praktisch alle bekannten Erbkrankheiten und noch einiges andere: soziale Abweichungen wie übermäßige Aggressivität, Neigung zu Diebstählen, Spielsucht, Alkoholismus, Rechtschreibschwäche – wir kennen für alles genetische Faktoren, aber leider dürfen wir nicht alles testen, ich sagte es bereits.

Wir kommen jetzt als erstes in den Watson-Crick-Raum, benannt nach dem Entdecker der DNA, des genetischen Materials. In diesem Raum geht es um die biologischen Grundlagen und die sind Ihnen ja längst bekannt. Aber wir haben ein wunderschönes Genorama entwickelt. Wir haben die 46 menschlichen Chromosomen, das Grundgerüst unserer Gene, als Modelle in den Raum gehängt; sie dienen uns als Projektionsfläche. Und wenn ich das Demonstrationsprogramm einschalte, dann sehen Sie als erstes die menschlichen Gene aufleuchten, die 1990 bekannt waren, und Sie können jetzt beobachten, wie jedes Jahr mehr hinzukommen – das verdanken wir dem Projekt zur Entschlüsselung des menschlichen Genoms: 1990 gegründet, 2003 abgeschlossen, schauen Sie – da ist es komplett. 92500 Gene, plus oder minus ein paar Hundert, das ist individuell verschieden. Ziemlich wenig eigentlich, auf so eine winzige Minidisc da passt alles drauf. Der Mensch ist eine kleine Scheibe. Zwar sind wir noch immer dabei zu klären, welche Funktion die 92500 Gene im menschlichen Körper haben und wie sie gesteuert werden, aber das alles ist nur eine Frage der Zeit; etwa die Hälfte haben wir schon, und spätestens in zehn Jahren ist uns nichts mehr verborgen. Dann wissen wir auch, warum einige Menschen Mauerblümchen sind und andere Hans Dampf in allen Gassen, dann werden wir Ihnen sagen können, in wen Sie sich verlieben werden, was Sie gerne essen, vor welchen Schleckereien Sie sich hüten müssen und an welchem Datum Sie sterben werden. Warten Sie es ab!

Franziskanische Spiritualität

Keuchend fährt der kleine Fiat Topolino den steinigen Weg zum Kloster »Le Carceri« hinauf. Unten breitet sich wie ein aus kleinen Häusern und Feldern gewebter Teppich in der milden Herbstsonne das heitere Tal von Assisi aus. Plötzlich hält Fra Bonaventura den Wagen an und steigt aus. Mit seinem franziskanischen Blick hat er nämlich in einem Nu zwischen dem üppigen Grün kleine weiße Blüten entdeckt. »Schau, wie zart sie sind!« Und der vierschrötig-feingeistige Ordensbruder beugt sich über sie hinab, wie man sich sonst liebevoll einem Neugeborenen zuwendet.

Der Mitbruder aus dem fernen Land entdeckt Brombeeren, pflückt reife und grüne und steckt sie sich in den Mund. »Warum pflückst du die grünen, Bruder?«, unterbricht ihn Fra Bonaventura, »siehst du denn nicht, wie sie leiden? Willst du wirklich jemanden auf halbem Wege aufhalten? Erst wenn sie reif sind, möchten sie sich uns zur Freude anbieten!«

Die Rückfahrt ist ebenso beschwerlich wie der Hinweg. Das kleine Auto fährt den Berg im kleinen Gang hinab. »Warum, Fra Bonaventura, lässt du den Wagen nicht in einem höheren Gang laufen?« Seine Antwort: »Ich möchte die Gutmütigkeit dieses lieben Autos nicht missbrauchen. Liebenswürdig, wie es ist, fährt es mich schon seit achtzehn Jahren, und immer ist es gut zu mir gewesen. Weshalb sollte ich es bei all diesen Kurven durch plötzliches Bremsen schlecht behandeln?«

Nach Portiunkula zurückgekehrt, zeigt er dem Gast seinen Garten voller Gemüse, Weinstöcke, Feigen und Blumen. Aber eine Ecke mit üppigem Grünzeug ist gar nicht gepflegt. »Was ist denn dort, Fra Bonaventura?« Unschuldig lächelt er: »Das da sind unsere kleinen Schwestern, das verflixte Unkraut. Dort lass' ich sie wachsen, weil sie ja auch Gottes Töchter sind und die Schönheit des Schöpfers preisen!«

Es ist Sonntag. Im Kloster findet ein Fest statt, weil der neue Guardian eingeführt wird. Es gibt einen besonderen Wein. Fra Bonaventura hält schweigend und voller Ehrfurcht das Glas mit dem kostbaren Wein, als wolle er einen Ritus vollziehen. »Was ist, Fra Bonaventura?« Beinahe flüsternd antwortet er: »Ich muss dem Bruder Wein die Ehre erweisen. Vor sechs Jahren habe ich ihn gemacht. Jetzt freut er sich auch – über unsere Freude!«

Ökojahr

Aufgabenfelder

- Pflege von Teichen
- Pflege von Kräutergärten
- Aufzucht von Pflanzen
- Durchführung von ökologischem Unterricht in Grundschulklassen
- Vermarktung von biologischen Hofprodukten
- Ernte
- Viehversorgung
- Sammeln von Arbeitsmaterialien aus Naturstoffen
- Mitarbeit im Forstschutz
- Bauen von Fledermauskästen

Hallo, ich heiße Kathrin und bin 17 Jahre alt.
Zurzeit mache ich mein FÖJ – mein Freiwilliges Ökologisches Jahr. Nach der Schule wollte ich erst einmal was Praktisches tun. Für die Natur hab ich mich wohl schon immer interessiert. Aber ich habe nie so richtig etwas dafür getan.
Als ich auf dem Arbeitsamt vom FÖJ hörte, war mir sofort klar, dass das mein Ding ist. Jetzt arbeite ich auf dem Laurentiushof in Wethen. Das ist eine Lebensgemeinschaft mit christlicher Basis in einem kleinen Dorf.
Mein Aufgabengebiet ist vielfältig. Bisher habe ich beim Anlegen einer Kräuterspirale und beim Aufbau einer Naturerfahrungsgruppe für Kinder im Dorf geholfen, beteilige mich beim Nistkastenbau und bei der Gartenpflege.
Ich finde es toll, dass ich etwas Sinnvolles für den Umweltschutz tun kann und möchte viele Leute wachrütteln. Außerdem gibt mir dieses Jahr Zeit zum Überlegen, wie es mit meinem Leben und meiner Ausbildung weitergehen soll.

Landeskirche bietet Stellen an

»Selbsterprobung« für die Jugendlichen – »neue Impulse« für die Einrichtungen: Vom Freiwilligen Ökologischen Jahr profitieren beide Seiten, meint Susanne Timm von der Landeskirche.

Kassel – »In Bereichen handeln, die ihnen auf der Seele brennen«, meint Susanne Timm, sei nur eine Chance, die das Freiwillige Ökologische Jahr (FÖJ) Jugendlichen biete. Die Jugendbildungsreferentin der Evangelischen Kirche von Kurhessen-Waldeck betreut elf junge Männer und Frauen, die ein Ökojahr absolvieren. Die Landeskirche ist einer von zwei Trägern in Hessen, die jungen Menschen ein Jahr lang die Chance geben, sich mit Fragen der Ökologie und des Naturschutzes auseinander zu setzen und praktische Erfahrungen zu sammeln – der andere ist das Naturschutzzentrum Wetzlar.

Erste Gelegenheit
Für viele der TeilnehmerInnen im Alter zwischen 18 und 27 Jahren ist die Arbeit innerhalb des Ökologischen Jahres erste Gelegenheit, ins Berufsleben hineinzuschnuppern. Auf den Bauernhöfen des Hessischen Diakoniezentrums arbeiten sie beispielsweise daran, den Betrieb auf eine ökologische Landwirtschaft umzustellen. Auf einem Gut zwischen Kassel und Marburg, in dem geistig behinderte Männer leben und ökologisch orientierten Ackerbau und Viehwirtschaft betreiben, können die Jugendlichen in der Landwirtschaft mithelfen.
Nach Ansicht der Jugendreferentin profitieren jedoch auch die Einrichtungen und der Träger vom Einsatz der HelferInnen. Timm: »Die Jugendlichen kommen, stellen Fragen, bringen Anregungen von außen, reißen die MitarbeiterInnen aus ihrem Trott heraus.«

Als »konzentrierte Form der Jugendarbeit, die sachliche Verantwortung für Gottes Schöpfung aufnimmt«, bezeichnete Bischof Christian Zippert das Freiwillige Ökologische Jahr (FÖJ). Gegründet wurde das FÖJ vom Freiwilligen Sozialen Jahr (FSJ) und vom Jugendpfarramt der Landeskirche.

Gesetzlich geregelt
Der freiwillige Einsatz für die Ökologie ist erst 1993, nach einem Modellprojekt in Niedersachsen und weiteren Anläufen in anderen Bundesländern, vom Bund gesetzlich geregelt worden. »Soziales« und »ökologisches Jahr« sind damit gleichgestellt.
(jan)

Weitere Informationen gibt es beim Amt für kirchliche Dienste, Kinder- und Jugendarbeit, Postfach 41 02 60, 34114 Kassel.

Erläuterungen und methodische Anregungen

Bungee-Springen gehört mittlerweile zu den zwar noch ausgefalleneren Extremsportarten, übt jedoch auf die Beteiligten ungeheuren Reiz aus. Die Herkunft dieses Sports ist wohl Melanesien, wo das Springen aus großer Höhe – abgesichert durch ein Seil – als Mutprobe zur Initiation ins Erwachsenenalter gefordert wird. Das **Bild des Bungee-Springers** kann symbolisch für das Verhältnis der Menschen zu Welt und Schöpfung stehen: Lassen sie sich voll auf die Welt ein oder riskieren sie mit ihr alles, u.U. das eigene Leben? In diesem Sinne kann das Foto (es ergeben sich nochmals andere Assoziationen, wenn das Bild auf den Kopf gestellt wird!) interessante Denkanstöße geben:

* einen der folgenden Satzanfänge vervollständigen: Bungee-Jumping ist ... ; Ich würde springen, wenn ...; Mein Leben ist wie Bungee-Jumping, denn ...

»Deine Welt« regt zum Träumen und Planen an. Die Vorstellung einer idealen Welt, die der Mensch erschafft und beherrscht, wird in unterschiedlicher Computer-Software aufgegriffen und die Realisierung virtueller Welten möglich. Jugendliche (wie auch Erwachsene) schaffen sich am PC ihre eigene Welt. Die zu einem Puzzle zusammengefügten Bild- und Textelemente verweisen zum einen auf den Traum von einer heilen Welt, einem Land, in dem Milch und Honig fließen, zum anderen auf die Möglichkeit und Horrorvision einer zentralgesteuerten Menschheit.

* arbeitsteilige Gruppenarbeit zur Realisierung der Idee einer neuen, »schönen Welt«:
  - Entwickeln eines Computerprogramms
  - Bild einer Traumwelt malen
  - Werbeplakat für eine solche Welt entwerfen
  - Lebensbedingungen in einer guten Welt bestimmen
  - Modell zeichnen oder bauen
  - und / oder Gefahren der Erschaffung einer guten, schönen Welt durch Menschen auflisten.

Hintergrund der Beispieltexte sind die Schöpfungs- und Sündenfallerzählungen im Buch Genesis. Die Akzentuierung **»Gott sah alles ...«** verdeutlicht die theologische Aussageabsicht der biblischen Texte, die die Frage nach dem Sinn von Welt und Mensch stellen. Hier liegt auch die Aktualität der biblischen Texte. Sie wurden verfasst auf dem Hintergrund der Erfahrung, dass Welt und Mensch nicht so sind, wie sie sein sollten: Ungerechtigkeit, Ausbeutung, Unterdrückung, Krieg und Verwüstung der Natur waren Anlass, über die Schöpfung nachzudenken. Daher betont die Priesterschrift (Gen 1,1-2,4a), dass die Schöpfung Gottes als Ordnung aus dem Chaos zu verstehen ist und dem Menschen mit dem Schöpfungsauftrag aufgegeben ist, diese Ordnung zu bewahren. Die jahwistische Darstellung (Gen 2,4b-2,25) betont, dass Jahwe den Menschen ursprünglich mit allem beschenkt hat, was das Leben lebenswert macht (»Paradies«) – und ihn dazu bestimmt hat, den Garten zu behüten. Allerdings fügen beide Quellen des Ersten Testaments an die Schöpfungserzählung Sündenfallerzählungen an und machen deutlich, dass die Menschen versagt haben. Auch heute kann es nicht nur um die Existenz des Menschen als solcher gehen, sondern muss die Frage nach der gesamten Schöpfung gestellt werden. Der heutige Mensch erfährt oftmals auf beängstigende Weise das Verwiesensein an diese Schöpfung und muss die Berechtigung und Zukunft seines Daseins reflektieren.

* die Texte den entsprechenden Versen von Gen 1,1-2,4a sowie Gen 2,4b-3,7 zuordnen
* weitere Beispiele für heutige »Sündenfallerzählungen« ergänzen
* eine Wandzeitung mit passenden Bildern zu den Schöpfungserzählungen und Zeitungsberichten zum heutigen Umgang mit der Schöpfung gestalten
* den Text »Einmal müssen ...« als Briefkarte schreiben und gestalten
* eigene Texte wie »Einmal müssen ...« entwerfen (z.B. zu Wasser, Himmel); Psalm 104,6-15 als Vergleichstext heranziehen
* Dias zu den Versen von Gen 1,1-2,4a oder Psalm 104 zeichnen und dazu Zeitungsberichte (s.o.) vorlesen.

»Willkommen in der Zukunft« schildert anschaulich, dass medizinische Forschung sich mittlerweile in eine Gefahrenzone begeben hat. Die Gefahr des Missbrauchs neuer Forschungsergebnisse und immer besserer Technologien darf nicht außer Acht bleiben – und es muss die Frage gestellt werden, ob die damit verbundenen Erkenntnisse tatsächlich dem Fortschritt der Menschheit dienen. Die Ambivalenz dieser Entwicklung ist durch den Text »Am Anfang« im auf den Kopf gestellten Buch angedeutet.

- einen LeserInbrief zum Bericht über Genopolis verfassen
- eine Stellungnahme zu »Am Anfang« schreiben
- Argumente für und wider diese Äußerung sammeln und eine Pro- und Kontradiskussion führen
- die Positionen »Du musst nicht alles machen, was du machen kannst« und »Alles Denkbare wird einmal gedacht, also muss alles Machbare einmal gemacht werden« (vgl. S. 90) auf diesem Hintergrund diskutieren.

»Franziskanische Spiritualität« ist eine alternative Form des Umgangs mit der Natur und den Dingen des alltäglichen Lebens. Eine solche Art des Sehens und Handelns muss gelernt werden; dazu bedarf es der entsprechenden inneren Einstellung. Sie ist am Evangelium orientiert, dem der Schöpfungsglaube der hebräischen Bibel zugrunde liegt. Auch das Zweite Testament verweist auf die neuschaffende Schöpfermacht Gottes (vgl. 2 Kor 5,17 und Röm 8,18-25); die Nachfolge Jesu macht es möglich, den Missbrauch der Natur wieder gutzumachen und macht frei für einen fürsorglichen Umgang mit der Schöpfung, wie es in Gen 1,28 aufgetragen ist. Gerade in unserer Erlebnisgesellschaft, die alles zu bieten scheint, ist es jedoch nicht leicht, zur »einfachen« Lebensweise eines radikal am Evangelium orientierten Franz von Assisi zu gelangen. Es kann daher sein, dass der Text den Jugendlichen beim ersten Lesen lächerlich erscheint. Nicht alle werden einen Zugang dazu finden. Und doch sollte die an der Bibel orientierte Sicht- und Lebensweise als Anregung vorgestellt werden.

- Text als Meditationstext vorbereiten lassen (überlegtes Vorlesen)
- das Bild (Tiere, Wiese, Atomkraftwerk) in Beziehung zum Text setzen
- einen eigenen Hintergrund gestalten
- Beispiele für den ehrfürchtigen Umgang mit Natur und Welt suchen.

Das **Ökojahr** wird als eine Möglichkeit vorgestellt, wie sich Jugendliche aktiv für die Umwelt einsetzen können. Bewusst wird dabei darüber informiert, dass das FÖJ sowohl in kirchlicher Trägerschaft durchgeführt wird als auch von nicht christlich gebundenen Einrichtungen getragen wird.

- sich beim Arbeitsamt oder bei kirchlichen Stellen über das FÖJ informieren
- auflisten, welche Tätigkeiten die einzelne Schülerin / den einzelnen Schüler interessieren
- aus dem Kurzbericht Kathrins sowie aus dem Zeitungsbericht Argumente für das Ökojahr heraussuchen und mit folgenden Stellen aus dem Ersten Testament in Beziehung setzen: Koh 3,1-11; Gen 2,15.

Den aus der Liturgie des Weltgebetstages der Frauen 1981 entnommenen Text **»Wir wenden uns«** haben Indianerinnen Nordamerikas formuliert. Ihr Hintergrund ist die Geographie des Landes, vor allem jedoch ein religiöses Empfinden des Einsseins mit der Natur, das uns europäisch denkenden Menschen verloren gegangen ist. Nur mühsam gelangen wir wieder zu der Einsicht, dass mangelnde Ehrfurcht vor der Schöpfung und der Mutter Erde auch die Ehrfurcht vor dem Menschen schwinden lässt. Der Text kann meditativ, durch Bewegung und Gesten gestaltet werden. Vorschlag: 1. Strophe: langsam nach links gehen, zur Bitte die Hände geöffnet nach oben halten; 2. Strophe: langsam zur Mitte gehen, zur Bitte die Arme vor dem Körper ausstrecken; 3. Strophe: langsam nach links gehen, zur Bitte die Arme vor dem Oberkörper kreuzen; 4. Strophe: langsam nach hinten gehen, zur Bitte sich anfassen und gemeinsam im Kreis gehen.

- den Text als Klangteppich oder Sprechmotette gestalten
- passende Musik suchen und die einzelnen Strophen langsam dazu vorlesen.

Wissenswertes Wissenswertes Wissenswertes

Paradies
In vielen Kulturen gibt es die Vorstellung eines Ortes unvorstellbaren Glücks. Vielfach wird diese Vorstellung eines »Paradieses« auch mit dem »Himmel« gleichgesetzt. Der Begriff stammt aus der altpersischen Sprache und bedeutet »Garten«. Nach der Vorstellung des Jahwisten (Quellschrift des Ersten Testaments) hat Jahwe den Lebensraum des Menschen als »Garten« geplant. Dahinter verbirgt sich die ideale Vorstellung von Natur, die dem Menschen Nahrung, Geborgenheit, Liebe und eine sinnvolle Arbeit ermöglicht. Hinzu kommt die Vorstellung, dass dieser »Garten« der bevorzugte Aufenthaltsort Gottes ist und er dort den Menschen nahe ist. Das biblische Paradies ist demnach ein Idealland, das sich durch Vollkommenheit auszeichnet. Allerdings verlieren die Menschen durch den Sündenfall das Anrecht, dort zu leben. Aber die Hoffnung auf ein Leben im Paradies bleibt bestehen: Der »Garten Eden« wird zum Bild einer kommenden Welt, in der die »Gerechten« für immer bei Gott wohnen werden (Judentum und Christentum). Auch für den Islam ist die Vorstellung eines endzeitlichen Paradieses von Bedeutung: »Und den Gläubigen – Männern und Frauen – hat Gott die Gärten verheißen, unter denen Bäche fließen, damit sie dort ewig wohnen, und herrliche Wohnungen in den Gärten Edens; aber die Zufriedenheit Gottes ist noch größer. Das ist das große Glück.« (Sure 9.72)

Sündenfall
Schon immer haben sich Menschen mit der Frage nach dem Bösen in der Welt beschäftigt. In vielen Religionen wird das Böse als Verkehrung der an sich guten Schöpfung verstanden. So geht etwa die ägyptische Religion davon aus, dass sich Unordnung, Ungerechtigkeit und »Nicht-Sein« in der Schöpfung dann einstellen, wenn die Menschen den Dialog mit den Göttern abbrechen. Auch das Erste Testament erzählt davon, dass die Menschen durch Fehlverhalten die gute Schöpfung aufs Spiel setzten.
Auf diesem Hintergrund entstehen »Sündenfallerzählungen«, die in den verschiedenen Religionen ähnlichen Charakter haben. So finden sich beispielsweise das Motiv des Essens vom verbotenen (Lebens-) Baum, das Motiv des Brudermords und das Motiv der Sintflut.
Erzählungen von der Vernichtung der Menschen und der Natur durch eine Flut reflektieren die Erfahrung von lebensbedrohlichen Katastrophen, indem sie das Geschehen in eine Urzeit verlegen. Das Erste Testament beinhaltet zwei Sintfluterzählungen, die zu einer einzigen Erzählung verflochten wurden (Gen 6-9). Aufgrund der Bosheit der Menschen beschließt Jahwe, die Menschen und alle Tiere zu vernichten: »Als Jahwe sah, dass die Bosheit der Menschen auf Erden groß war und alles Denken ihres Herzens nur auf das Böse gerichtet war, da reute es Jahwe, dass er die Menschen auf Erden gemacht hatte. Und Jahwe sprach: Ich will die Menschen, die ich geschaffen habe, vom Erdboden hinweg vertilgen ...« (Gen 6,5-7) Nur Noah findet Gnade und kann sich mit seiner Familie und einer Anzahl von Tieren in die Arche retten. Das Versprechen Gottes, nie wieder eine Vernichtung zu beschließen, ist wichtig: Gott steht trotz allem zu seiner Schöpfung.
Auch heute noch ist die Rede von »sintflutartigen Regenfällen«, wenn die Kräfte der Natur überhand nehmen und die Menschen mit Katastrophen wie Überschwemmungen konfrontiert werden. Und es stellt sich die Frage nach dem Zusammenhang zwischen solchen Katastrophen und dem Umgang der Menschen mit der Natur.

Franziskus von Assisi
(1181/82-1226)
erlebt als Kind reicher Eltern eine unbeschwerte Jugend in der Kleinstadt Assisi. Die Erfahrung als Gefangener des Städtekriegs Assisi-Perugia führt ihn jedoch in eine tiefe Krise und zur radikalen Veränderung seines Lebens. Er legt seinen Reichtum ab und lebt von nun an bei den Armen und Aussätzigen. Franziskus beschließt, dem Auftrag Jesu radikal zu folgen, d.h. Kranke zu heilen, das Wort Gottes zu verkünden und selbst arm und bescheiden zu leben (Mt 10,6-14). Bald sammeln sich viele junge Männer um ihn, die so wie er leben wollen. 1209/10 kommt es zur Gründung des Franziskanerordens. Auch junge Frauen fühlen sich von diesem Lebensstil angezogen; im Jahr 1212 lässt sich Klara von Favarone von Franziskus das Ordenskleid übergeben. Sie begründet den Orden der nach ihr benannten »Klarissen«. Franziskus entwickelt eine besondere Liebe zur Schöpfung Gottes, die er in seinem »Sonnengesang« ausdrückt. Diese Hinwendung zur Schöpfung lässt ihn zum Vorbild für rechtes Handeln in Umwelt und Ökologie, zum »Apostel des Umweltschutzes«, werden.

Wir wenden uns nach Westen.
Von Westen strömen reinigende Wasser.
Wir bitten,
dass der Atem Gottes
wieder über die Wasser wehe
und sie rein mache, damit sie Leben bringen.
Wir bitten, Gott, reinige auch uns
und gib uns neues Leben
durch das Wasser und den Heiligen Geist.

Wir wenden uns nach Norden.
Von Norden kommt der läuternde Wind.
O Gott, dich haben die Menschen
Atem, Wind und Leben genannt.
Wir bitten:
Läutere die Luft, die wir atmen,
damit überall auf Erden
das Leben gedeihen kann.

Wir wenden uns nach Osten.
Von Osten kommt mit der aufgehenden Sonne
Erkenntnis und Weisheit.
Wir bitten:
Lass uns klug werden, o Gott,
im Umgang mit den Gütern der Erde;
schaffe Gerechtigkeit,
sodass wir geben, was an uns ist,
und dankbar unseren Teil empfangen.

Wir wenden uns nach Süden.
Von Süden her führt der Weg zu Ursprung
und Vollendung des Lebens.
Wir bitten:
dass wir auf guten Wegen wandeln, o Gott;
dass wir auf dieser Erde wie Geschwister leben;
dass wir einander erfreuen,
einander im Leiden tragen
und so dein Wille geschieht,
der das Antlitz der Erde erneuert.

(aus der Weltgebetstagsliturgie 1981 der Indianerinnen Nordamerikas)

Anhang

Zu: Was ist lebenswert?, S. 24

Ergänzend bzw. alternativ zur Geschichte »Die Muschel und der Fisch« kann auch mit dem Märchen »Frau Holle« gearbeitet werden. In ihm steigen Gold- und Pechmarie in die Tiefe. Die verlorene Spule wird zum Wegweiser, der zum Lebensgrund führt. Dieser wird mit dem Bild des Wassers, der Blumenwiese und der Sonne umschrieben. Goldmarie ist für die Aufgaben (symbolisiert durch den Backofen, die reifen Äpfel, die Betten der Frau Holle), die ihr zuwachsen, offen. Sensibel nimmt sie diese wahr mit dem Blick auf die zu schützenden Werte (z.B. Achtung vor dem Brot, das im Ofen zu verbrennen droht). Sie stellt sich den Forderungen und gelangt dadurch zur Fülle des Lebens (Gold). Pechmarie geht zwar äußerlich den selben Weg, doch verschließt sie sich den Anforderungen des Lebensgrundes. Sie ist ganz auf Äußerlichkeiten ausgerichtet, nämlich das erwartete Gold; für sie Zeichen von Ansehen und Reichtum. Auf diese Weise verliert sie, was sie zu gewinnen sucht und wird mit Pech statt Gold überhäuft.

- Bilder des Märchens aufschreiben und versuchen, sie zu deuten (PartnerIn- oder Gruppenarbeit)
- Imaginationsübungen: a) Ich bin Gold-/Pechmarie. Ich springe in den Brunnen – meine Gefühle, meine Erwartungen; b) Ich stehe im Tor. Gold/Pech ergießt sich über mich.
- Goldmarie findet ihren Lebens- und Quellgrund. In Einzelarbeit nachdenken: Aus welchen Quellen lebe ich?
- weitere Märchen finden, in denen Menschen in die Tiefe steigen müssen, um das wahre Leben zu finden
- überlegen: Was fasziniert an den dort handelnden Personen? Was stößt mich ab?

Zu: Gegenwind, S. 74

Prophetinnen und Propheten des 20. Jahrhunderts

Auch heute noch gibt es Frauen und Männer, die als Prophetin oder Prophet bezeichnet werden. Es handelt sich hierbei um Personen, die einen wachen und offenen Blick für das Geschehen der Zeit haben, die ohne Scheu Ungerechtigkeit beim Namen nennen und sich für Gerechtigkeit einsetzen. Überdies sind diese Menschen religiös; sie leben aus der Beziehung zum Göttlichen. Prophetische Frauen und Männer im Christentum leb(t)en konsequent aus dem Evangelium und seiner Botschaft heraus.

Einige Beispiele:
Hans und Sophie Scholl (1918/1921-1943), die christliches Zeugnis und politischen Widerstand miteinander verbanden;
Oscar Arnulfo Romero (1917-1980), der sich für die Ärmsten der Armen und die Verfolgten seines Volkes einsetzte und sich zu ihrem Sprachrohr machte;
Martin Luther King (1929-1968), der sich für die vollen Bürgerrechte für schwarze Amerikanerinnen und Amerikaner einsetzte und gegen allen Hass festhielt am Traum eines geschwisterlichen Zusammenlebens aller Menschen;
Ida Friederike Görres (1901-1971), die sich mit Leidenschaft für die Erneuerung der Kirche einsetzte;
Eva von Tiele-Winckler (1866-1930), die sich mit all ihren Kräften und über die Grenzen Deutschlands hinaus für Waisenkinder, Obdachlose, Strafentlassene und pflegebedürftige alte Menschen engagierte und viele mit ihrer Begeisterung ansteckte.

Zu: Ein außergewöhnliches Verhalten, S. 84

Frauenalltag im 19. Jahrhundert

Der Alltag der Bürgersfrau spielte sich hauptsächlich im Haus ab. Ihr Aufgabenbereich umfasste die Führung des Haushalts, die Beaufsichtigung der Dienstboten und die Kindererziehung. Empfohlene Freizeitbeschäftigung war das Handarbeiten (Nähen, Sticken, Klöppeln); es galt als typisch weibliche Beschäftigung und nahm einen breiten Raum ein. Außer Haus konnte sich die Frau ehrenamtlich in wohltätigen Institutionen engagieren.
Juristisch war die Frau unter die Vormundschaft des Mannes (Vater oder Ehegatte) gestellt. Grundsätzliches Lebensziel der Mädchen war daher die Eheschließung; sie bedeutete die finanzielle Versorgung. Unverheiratete Bürgersfrauen waren jedoch auch selbst berufstätig und hatten so ihr Einkommen. Anerkannte Frauenberufe waren z.B. Händlerin und Schulmeisterin (Lehrerin). Der Alltag von Bauersfrauen war hart. Die Bäuerin führte den Haushalt, half jedoch zusätzlich bei der Feld- und Stallarbeit mit.
Unverheiratete Frauen aus den unteren sozialen Schichten verdingten sich als Dienstmägde in fremden Haushalten. Hier waren sie vielfach der Willkür ihres »Brotherrn« ausgeliefert. Meist wurde ihre Arbeitskraft ausgebeutet und auch der sexuelle Missbrauch war weit verbreitet.
Auch die Arbeiterinnen existierten unter menschenunwürdigen Bedingungen. Sie arbeiteten vielfach ohne gesetzlichen Schutz in den Fabriken. Nacht- und Sonntagsarbeit waren an der Tagesordnung; dies hatte zumeist schwere gesundheitliche Schäden zur Folge. Auch die Wohnbedingungen waren erbärmlich. Die Arbeiterfamilien lebten in Slums, in denen unzulängliche Hygienebedingungen, soziales Elend und Alkoholismus vorherrschten. Häufig trugen die Frauen die Hauptlast, da sie allein für die ganze Familie aufkommen mussten.

Erziehung und Bildung von Mädchen und Frauen

Die Frage nach der Mädchen- und Frauenbildung war bis in das 20. Jahrhundert hinein umstritten. Die Mädchenschulen vermittelten nur elementare Grundkenntnisse in Lesen und Schreiben und zielten auf die Erziehung zur »vorbildlichen« Frau. Wichtig bei der Erziehung der adeligen und bürgerlichen Mädchen war die Einübung in gesellschaftliche Fähigkeiten wie Tanz, Musik, Klavierspiel und Zeichnen. Weitere Bildungsmöglichkeiten eröffneten sich nur dann, wenn Väter oder Ehegatten die ihnen unterstellten Frauen förderten. Verbreitet war die Meinung von Gelehrten, Frauen seien von Natur aus weniger befähigt als Männer.

Kulturkampf

Mit dem Begriff »Kulturkampf« wird der Konflikt zwischen der katholischen Kirche und dem Staat bezeichnet, der im 19. Jahrhundert als Folge der Revolution entstand. Inhalt dieses Konfliktes war vor allem das Bestreben des preußischen Staates, eine Trennung von Kirche und Staat sowie von Schule und Kirche herbeizuführen. Damit wollte der Staat seine Hoheitsansprüche durchsetzen und die überkommenen Rechte der Kirche einschränken. Dies geschah zunächst einseitig durch eine entsprechende Neuordnung der staatlichen Gesetze. Sie sollte beispielsweise Fragen des kirchlichen Religionsunterrichts sowie der Einsetzung von Bischöfen regeln. Auch wurde der Jesuitenorden, ein Orden, der eine Vielzahl von Schulen unterhielt, gesetzlich verboten. Insgesamt wurden die Möglichkeiten kirchlicher Einrichtungen (Schulen) und der kirchlichen Partei, dem Zentrum, stark eingeschränkt. Beigelegt wurde der Konflikt im Mai 1887 durch das »zweite Friedengesetz«. Es regelte nun auf diplomatische Weise das Verhältnis von Kirche und Staat.

Treffpunkt Siegfriedstraße

Willi Graf verbrachte in München einen großen Teil seiner freien Zeit mit Studentinnen und Studenten der Theologie und Philosophie. Diese waren meist Mitglieder der inzwischen verbotenen katholischen Jugendverbände. Sie trafen sich in der Siegfriedstraße 18/III, wo einige der Gruppe wohnten, z.B. Hermann Krings und Fritz Leist. Hier fanden die jungen Menschen eine »Geistige Heimat«, einen Ort, an dem sie offen und frei Gespräche führen konnten über Literatur, über theologische und politische Fragen. Sie fanden hier aber auch einen Ort, an dem sie gemeinsam nach neuen liturgischen Formen suchten – und selbst gestaltete Gottesdienste feierten, soweit es möglich war.
Das einzelne Gruppenmitglied wurde in den Gesprächsrunden angeregt, die Zeitereignisse kritisch wahrzunehmen und zu analysieren, Wesentliches von Randerscheinungen zu unterscheiden, Überliefertes und Vorurteile unter die Lupe zu nehmen und selbstständig, aus innerer Freiheit heraus den eigenen Weg zu suchen

und zu gehen. Außer Willi Graf war kein Mitglied dieser Gesprächsrunden Mitglied der »Weißen Rose«. Es war jedoch bekannt, dass er aktiv in einer Widerstandsgruppe mitarbeitete. Fritz Leist, einer der führenden Männer dieses »Treffpunkts Siegfriedstraße« bat Willi Graf dringend, ihn und die Gruppe nicht in die Flugblattaktion einzubeziehen. Obwohl sich alle mit Willi in der Ablehnung Hitlers einig waren, gaben sie dem aktiven Widerstand zu dieser Zeit keine Chance und sahen deshalb keinen Sinn darin. Gewaltsames Vorgehen lehnten sie grundsätzlich ab. Sie waren der Überzeugung, dass Hitler von der Macht des Krieges, den er selbst begonnen hatte, auch vernichtet werden würde. Fritz Leist hielt es für sich und seine Gruppe für sinnvoller zu überleben und nach dem Ende »geistig« für den Neuanfang gerüstet zu sein. Dass Willi Graf unter dieser Einstellung seines sonst sehr geschätzten Freundes gelitten hat, geht aus vielen, wenn auch teilweise verschlüsselten Anmerkungen seines Tagebuches hervor. So musste er seine Entscheidung, nur gestützt auf die Stimme seines Gewissens, ganz allein tragen.

Willi Graf und die »Weiße Rose«

Willi Graf kam relativ (spät?) zur Gruppe der »Weißen Rose«. Der genaue Zeitpunkt ist nicht mehr zu rekonstruieren. Sicher ist, dass er im Sommersemester 1942 Hans Scholl begegnete, der in derselben Studentenkompanie wie er Dienst tat. In seinem Tagebuch findet sich unter dem 13.06.1942 folgende Notiz: »Gespräch mit Hans Scholl. Hoffentlich komme ich öfter mit ihm zusammen.«

Wann Willi Graf seine grundsätzliche Bereitschaft erklärte, aktiv in der Widerstandsgruppe mitzuarbeiten, ist ebenfalls nicht mehr mit eindeutiger Gewissheit festzustellen. Verschlüsselte Anmerkungen in seinem Tagebuch lassen darauf schließen, dass er seit Juli 1942 in den engeren Kreis einbezogen war. Der erneute Einsatz an der Ostfront (23.07. - 05.11.1942, gemeinsam mit Hans Scholl und Alexander Schmorell) und die dortigen Eindrücke hatten ihn in seiner Entscheidung zum Widerstand bestärkt.

Gegen Ende 1942 beschlossen die Mitglieder der »Weißen Rose« ihre Aktivitäten auszudehnen und weitere Kontakte in anderen Städten zu knüpfen. Willi Graf nutzte die Weihnachtsferien 1942 – und eine illegale Reise mit gefälschten Papieren Ende Januar 1943 –, um im Saarland und im Rheinland vor allem bei Freunden aus der Jugendbewegung Mitstreiter zu finden. Deren Reaktion war durchweg ablehnend. Einzig die Brüder Heinz und Willige Bollinger (letzterer aus Freiburg) konnte er für die Verteilung von Flugblättern gewinnen.

Willi Graf wurde nach der Flugblattaktion in der Münchener Universität – gemeinsam mit den anderen der Widerstandsgruppe – am 18.02.1943 verhaftet, am 19.04.1943 zum Tode verurteilt und am 12.10.1943 mit dem Fallbeil hingerichtet. Die lange Einzelhaft von einem halben Jahr ist darauf zurückzuführen, dass die Gestapo versuchte, von ihm Namen von möglichen »Mitarbeitern« aus dem Rhein- und Saarland zu erhalten.

Alltag von Frauen im 11. Jahrhundert

Auf dem Land lebende Frauen erledigten alle innerhäuslichen Arbeiten; dazu gehörte neben dem Kochen und Putzen auch das Getreidemahlen, Bierbrauen sowie die Viehwirtschaft. Frauen hatten sich reiches Wissen erworben: Sie kannten die Heilkraft von Pflanzen, tierischen Produkten und mineralischen Stoffen. Dieses Wissen gaben die Frauen von Generation zu Generation weiter. Ebenfalls waren Frauen für Textilarbeiten zuständig und zwar nicht nur im eigenen Haushalt. Schon früh im Mittelalter gab es Manufakturen, in denen (unverheiratete) Frauen spannen, webten und nähten. Von dort wurden die Grundherren und deren Familien mit Stoffen und Kleidungsstücken versorgt. In diese Manufakturen hatten Männer keinen Zutritt.

Da die Städte im Mittelalter ein eigenes Recht hatten, war die Lebenssituation der Stadtfrauen anders. Sie konnten das »Bürgerrecht« erwerben und waren damit »frei«, sie gehörten nicht mehr zum Besitz des Grundherren wie die Frauen auf dem Land. Nach städtischem Recht galt die Ehe als Vertrag zwischen Gleichberechtigten. Die Frau behielt das Recht auf ihre Mitgift und hatte volles Erbrecht, wenn ihr Mann starb. Aber weiterhin wurden die Mädchen sehr früh nach wirtschaftlichen Gesichtspunkten verheiratet. Auch ihre Aufgabe war es zunächst, den Haushalt zu führen. Allerdings waren die Frauen in der Stadt nicht auf ihren Haushalt beschränkt, sondern übten auch ein eigenes Handwerk aus und führten eigene Geschäfte. So brachten sie ihre Erzeugnisse (z.B. Brot, Kleidungsstücke, Stoffe oder Haushaltswaren auf den Markt und trieben Handel. Zudem waren Frauen in Stadt und Land grundsätzlich für Fragen der Gesundheit von Menschen und Tieren zuständig. Als Hebammen halfen und versorgten sie Frauen bei und nach der Geburt. Für die Bildung der Mädchen sorgten Ordensfrauen in den Klöstern. Die Mädchen lernten dort die Bibel kennen, dazu auch Lesen, Schreiben und Rechnen.